Bibliografische Information der Deutschen Nationalbibliothek: Die Deutsche Nationalbibliothek verzeichnet diese Publikation in der Deutschen Nationalbibliografie; detaillierte bibliografische Daten sind im Internet über dnb.dnb.de abrufbar.

© 2020 Monica Schlatter
Herstellung und Verlag: BoD – Books on Demand, Norderstedt
ISBN: 9783752647136

Inhalte / Rezepte:

Monica Schlatter
www.schlatternährung.ch
www.kochennachpaleo.ch

Lektorat:

Andreas Schlatter

Fotos:

Daniela Friedli: 21, 60, 64, 69, 76, 83, 85, 96
www.danielafriedli.ch

Alle weiteren Bilder:

Monica Schlatter: 20, 22, 63, 84, 103
pixabay.com: Cover congerdesign, 58 RitaE, 91 RitaE

LEBER-DETOX für einen NEUSTART

Gesunde Leber, gesunder Mensch

Dieses Buch ist auch als E-Book erhältlich.

Monica Schlatter

Inhaltsverzeichnis

Inhaltsverzeichnis

Inhaltsverzeichnis / Rezeptteil

Inhaltsverzeichnis / Rezeptteil

Gesunde Leber, gesunder Mensch

Liebe Leserin, lieber Leser

Leiden Sie an Erschöpfung, Schlafstörungen, chronischen Beschwerden, immer wiederkehrenden Infekten, Hautproblemen, Cellulite, Sodbrennen, unerklärlichem Gewichtsverlust oder an Übergewicht, das Sie einfach nicht in den Griff bekommen?

Dies alles könnte ein Hilferuf Ihrer Leber sein. Das 2 kg schwere und rechts unter unserem Rippenbogen liegende Organ ist unsere Entgiftungszentrale. In einer "chemisierten Welt", in der wir täglich eine nicht mehr überschaubare Zahl von Chemikalien aufnehmen, kann eine Störung der Leberfunktion vielen Erkrankungen Vorschub leisten. Daher wird die Pflege und Reinigung der Leber immer wichtiger.

Aber im Gegensatz zum Gehirn, Herz oder Darm bekommt die Leber kaum die nötige Aufmerksamkeit, weil wir lange nicht bemerken, wie sie leidet. Man weiss heute, dass sich Leber und Darm sowie Darm und Gehirn gegenseitig beeinflussen, und das weit ausgeprägter, als lange bekannt gewesen ist. Auch fliesst das Blut von der Leber direkt zum Herzen. Wenn Sie also Ihre Leber gesund pflegen, dann machen Sie vieles richtig, um auch alle anderen Organe auf Vordermann zu bringen.

In diesem Ratgeber stelle ich Ihnen eine effektive und einfache Strategie vor, die jede(r) einsetzen kann, um die Entgiftungsfähigkeit der Leber zu stärken, den Stoffwechsel zu beleben, überflüssige Kilos purzeln zu lassen und Selbstheilkräfte zu aktivieren, die den ganzen Organismus beleben.

Die hier vorgestellten Massnahmen basieren auf meinen persönlichen Erfahrungen und Beobachtungen. Sie sind nach bestem Wissen und Gewissen zusammengestellt. Dennoch übernehme ich keinerlei Haftung für Schäden irgendwelcher Art, die sich direkt oder indirekt aus dem Gebrauch dieser Informationen, Ratschläge und Rezepte ergeben. Was ich hier vorstelle, ist weder eine Therapie noch medizinische Beratung. Alle Beschwerden sollten ärztlich abgeklärt werden.

Um die Umsetzung zu vereinfachen, habe ich Ihnen am Ende des Buches bei gewissen Produkten die Schweizer Bezugsquelle angegeben, die ich getestet und für gut befunden habe. Trotzdem kann ich keine Garantie für deren Qualität und Service abgeben. Ich habe keine finanziellen Interessen an den im Buch erwähnten Produkten.

Ich stelle mich vor

Mein Name ist Monica Schlatter, und ich bin Fachberaterin für holistische (ganzheitliche) Gesundheit. Schon in meiner Kindheit hatte ich mit zahlreichen gesundheitlichen Problemen zu kämpfen. Chronische Müdigkeit und heftige Migräne begleiteten mich 35 Jahre lang. Schliesslich verschlechterte sich mein Zustand, und ich bekam einen Blähbauch, Gelenkschmerzen, Haarausfall und mehr.

Per Zufall stiess ich auf die Paleo-Ernährung (auch Steinzeit-Diät genannt). Sie ist der mediterranen Ernährung ähnlich, weil sehr viel Gemüse und Rohkost, Obst, gute Fette wie Avocado und Olivenöl, Nüsse, Samen und Kerne, aber auch regelmässig Proteine wie Hülsenfrüchte, Fisch, Eier und Fleisch auf den Tisch kommen. Es wird jedoch gänzlich auf Gluten und Haushaltzucker oder auch auf das Trinken tierischer Milch verzichtet. Also genau die drei Sachen, von denen ich mich hauptsächlich ernährte.

Über die Jahre habe ich mir viel Wissen angeeignet, das ich auch immer wieder an mir selbst erprobt habe. So begannen sich meine Symptome zu verringern. Zudem habe ich mein Wissen als Co-Autorin von zwei Paleo-Kochbüchern weitergegeben.

Eine Diskussion mit einem chinesischen Arzt brachte mich dann auf die richtige Spur: Der Energiefluss meines Körpers war in der Bauchregion gestört. Also kaufte ich verschiedene Bücher über die Verdauungsorgane und habe deren Empfehlungen dann auch umgesetzt. Es ging wieder ein Stück besser, aber die ständige Müdigkeit war nicht weg.

Dann entdeckte ich Literatur über die Leberentgiftung, und das Thema hat mich sofort angesprochen. Es waren für mich neue und spannende Erkenntnisse, und es machte Sinn, gewisse Elemente daraus mit meinen Kenntnissen zu kombinieren und in meinen Alltag zu integrieren.

Ich bemerkte sehr schnell eine positive Veränderung, die bis heute anhält (bin migränefrei, brauche weniger Schlaf, fühle mich vital und energiegeladen und auch meine Haut ist klar und frisch geworden), so dass ich keine Zweifel mehr habe: es funktioniert! Aus all dem ist dieser Ratgeber entstanden.

Nun wünsche ich Ihnen eine aufschlussreiche Lektüre.

Monica Schlatter

Warum Entgiften so wichtig ist

Die Entgiftung (Detox) ist ein natürlicher Prozess, bei dem der Körper versucht, körpereigene und körperfremde Gifte zu eliminieren. Diese Arbeit sollte regelmässig angeregt und unterstützt werden.

Die Leber spielt dabei eine entscheidende Rolle, denn sie ist unser zentrales Filter- und Entgiftungsorgan. Sie befreit das Blut von Unbrauchbarem. Wenn wir bedenken, dass die grossen Blutgefässe von der Leber direkt zum Herzen führen, wird auch schnell klar, wieso diese Aufgabe so wichtig ist.

Über die Atmung, die Nahrung, das Trinkwasser und die Haut nehmen wir viele Schadstoffe auf. All diese Substanzen werden von unserer Leber gefiltert, eingesammelt und eingelagert, damit sie nicht im Blut bleiben. Anschliessend werden sie mit der Gallenflüssigkeit in den Darm geleitet und mit dem Stuhl ausgeschieden oder landen in den Nieren und werden mit dem Urin herausbefördert. So weit so gut.

Heutzutage werden wir bombardiert mit Toxinen aller Art: Pflanzenschutzmittel, giftige Metalle, Feinstaub und andere Umweltgifte, Chlor, Fluoride, schädliche Viren, Bakterien, Pilze, Schimmel, Strahlung u.a. Oft wird die entgiftende Funktion der Leber noch zusätzlich durch eine ungesunde Ernährung mit viel Zucker, Zusatzstoffen und Kaffee, durch eine gesundheitsbelastende Lebensführung mit Schlafmangel, Tabak- und Alkoholkonsum sowie durch die Einnahme von Medikamenten beeinträchtigt. Auch chronischer Stress fordert der Leber einiges ab, denn sie muss das überschüssige Adrenalin aufsagen, damit der Körper nicht übersäuert.

Auch wenn sich unsere grösste Drüse nicht beschwert und sich stets bemüht, ihr Bestes zu geben, heisst das noch lange nicht, dass das Arbeitstier nicht an seine Grenzen gelangt. Das hat Einfluss auf unser Wohlbefinden, unsere Leistungsfähigkeit und unser Gewicht, denn die Leber ist auch von entscheidender Bedeutung für unseren Stoffwechsel. Zum Beispiel hilft sie bei der Verdauung von Fetten, indem sie Gallensäure bereitstellt, speichert Kohlenhydrate und setzt diese wieder frei, wenn Energie benötigt wird, und ist für den Um-, Ab- und Aufbau von Proteinen zuständig. Auch speichert sie bestimmte Vitalstoffe, baut Insulin und andere Hormone ab und spielt eine Rolle bei der Funktion des Immunsystems. Das Multitalent Leber führt insgesamt über 2'000 Tätigkeiten aus, die meisten davon gleichzeitig. Es lohnt sich daher, sorgsam mit ihr umzugehen.

Viele Probleme – eine Ursache: Die träge Leber

Gerät der Stoffwechsel wegen einer überstrapazierten Leber aus dem Gleichgewicht, drohen Erkrankungen, die auch andere Organe betreffen können. Irgendwann ist es nicht mehr nur die Müdigkeit, die uns immer öfter plagt - sie ist nämlich der "Schmerz" der Leber -, sondern Reflux, Schlafstörungen, Gewichtszunahme, Völlegefühl, Hitzewallungen, Krampfadern, Cellulite, Augenringe, graue und fahle Haut, Gicht, Gallen- und Nierenbeschwerden, schlechte Cholesterinwerte und mehr.

Oftmals sprechen wir davon, dass wir altern, wenn wir an Vitalität und Frische einbüssen oder mit Zipperlein und Einschränkungen leben müssen. Bei einer Gewichtszunahme und schwammig wässrigem Aussehen geben wir einem verlangsamten Stoffwechsel die Schuld. Hitzewallungen und trockene, verschrumpelte und zu Pigmentflecken neigende Haut werden auf die Wechseljahre geschoben.

Tatsächlich geht es aber oft um die heutige Lebensweise, die unsere Leber belastet und sie an ihre Grenzen bringt. Sie büsst spätestens um die Lebensmitte an Entgiftungskraft ein und schafft so ein ideales Umfeld für pathogene - also Krankheit verursachende - Parasiten wie gefährliche Viren, schlechte Bakterien und Pilze, die sich unkontrolliert und rasant vermehren können. Sie ist auch nicht mehr in der Lage unserem Blut, welches durch sie hindurchfliesst, die gefährlichen Stoffe zu entziehen. Am besten können Sie sich die Leber wie einen nassen Schwamm vorstellen. Ist er vollgesogen, kann er nichts mehr aufnehmen. Es entsteht ein Ungleichgewicht im "inneren Milieu" (Übersäuerung, chronische Entzündungen, Lymphstau u.a.), und die empfindliche Symbiose zwischen Mensch und Mikroorganismen ist gestört. Schon vor 150 Jahren fassten die französischen Wissenschaftler und Ärzte Antoine Béchamp und Claude Bernard ihre Erkenntnis so zusammen: "Die Mikrobe ist nichts, das Milieu ist alles."

Damit die überschüssigen Abfallprodukte, welche die vernachlässigte Leber weder ausleiten noch weiter einlagern kann, nicht in den Blutkreislauf gelangen, werden diese als Notlösung oft in Regionen verschoben, die nicht gut durchblutet sind wie z.B. Gelenke (Gelenkschmerzen, Arthritis, Gicht). Sie können auch im Bindegewebe oder unter der Haut abgelagert werden (verklebte Faszien, Cellulite, braune Altersflecken, Hautstörungen), oder es werden Fettzellen gebildet, um diese Giftstoffe zu binden (Gewichtszunahme). Unsere Fettdepots kann man also als "Giftmüllhalde" des menschlichen Körpers bezeichnen.

Wenn die Leber all das Unbrauchbare nirgends mehr unterbringen kann, gelangt es ins Blut. Dieses wird so zähflüssig, dass das Herz immer stärker arbeiten muss, um es durch den Körper zu pumpen, was den Blutdruck erhöht. Wir leben in einer Zeit, in der immer mehr Menschen an Herzproblemen leiden. Herzerkrankungen aller Art sind heute sogar die häufigste Todesursache bei Frauen wie bei Männern. Dies ist kaum auf die gesteigerte Lebenserwartung der Baby-Boomer zurückzuführen - zumal es immer jüngere Menschen betrifft -, sondern ist ein Zeichen für eine Epidemie von trägen und gestauten Lebern.

Freunde fürs Leben

Wenn wir also möglichst lange gesund und vital bleiben und frisch aussehen wollen, ist es heute wichtiger denn je, dass wir der Leber, unserer fleissigen "Freundin", wieder die Zuwendung geben, die sie verdient. Sie steht nämlich die ganze Zeit bedingungslos treu auf unserer Seite und wartet nur darauf, dass wir ihren wahren Wert erkennen.

Mit einer Reinigungskur stellen wir wieder ein Gleichgewicht her: Auf der einen Seite befreien wir die Leber von vielen Parasiten und entrümpeln sie von unzähligen Rückständen, auf der anderen Seite stärken wir sie durch die Nahrung, die sie gedeihen lässt.

So kann sie sich - wo auch immer wir gesundheitlich stehen - erholen und wieder für uns da sein. Sie wird uns dafür danken und belohnen mit:

- Jugendlicherem und frischerem Aussehen
- Mehr Energie, Konzentrations- und Leistungsfähigkeit
- Leichtigkeit, Beschwingtheit und besserer Laune
- Gesundem Schlaf
- Rückgang oder Auflösen von Wassereinlagerungen, vor allem in den Beinen und im Bauchbereich
- Gewichtsabnahme bei Übergewicht (weil es bei geringerer Giftbelastung auch weniger Fettzellen braucht, die Toxine binden)
- Gewichtszunahme bei Untergewicht (durch den gereinigten und besser funktionierenden Verdauungstrakt können die Nährstoffe besser verwertet werden)
- Besserung vieler Beschwerden und Krankheiten.

Grundlagen einer Detox-Kur

1. Toxine und Leber-Störenfriede vermeiden

Während der Entgiftung sollte man zwingend auf alle leberschädigenden Stoffe verzichten. Man muss ebenfalls alles meiden, was pathogene Keime wie Viren, Bakterien und Pilze nährt und sie gedeihen lässt. Diese setzen sich gerne in der Leber fest, weil sie gut durchblutet wird und somit Stoffe enthält, die diese Keime für ihr Wachstum brauchen.

2. Vorbereitung

Die Leber wird sanft darauf eingestimmt, alte zurückgehaltene Fremd-stoffe, die oft über Jahre eingelagert waren, loszulassen. Die Vorberei-tungsphase auszulassen ist ein Fehler, den viele bei Reinigungskuren begehen. Sie verlangen der Leber zu schnell zu viel ab und setzen sie somit stark unter Druck. Das könnte eine zu grosse Entgiftung auslösen, auf wel-che die anderen Organe nicht vorbereitet sind. Die Leber muss dann die Toxine wieder resorbieren, oder sie landen - wenn ihr das nicht gelingt - schlussendlich im Blut. Ohne diese Phase könnte der gesamte Entgiftungs-prozess ins Stocken geraten beziehungsweise sogar kontraproduktiv sein.

3. Mobilisieren

Wenn die Leber warmgelaufen ist, fängt sie an, sich innerlich zu reinigen und alten Unrat auszusortieren, den sie - zu Ihrem Schutz - jahrelang fest-gehalten und tief eingelagert hat. Sie leitet die eingelagerten Schadstoffe an die Ausleitungsorgane weiter.

4. Ausleiten

Damit wir die Toxine auch loswerden, müssen Darm, Nieren und Lymphe sauber sein und gut funktionieren. Deshalb ist eine Vorbereitung wichtig.

5. Aufbau

Die Leber ist ein Organ, das sehr viel leistet. Daher wird sie auch "hungrig" und braucht dementsprechend Nahrung.

6. Erhalten

Wenn man seinen Körper ganz reinigen und frei von Ablagerungen halten möchte, sollte man regelmässig entgiften. Die Leber agiert sehr umsichtig und wird nicht alle angesammelten Altlasten auf einmal freisetzen. Hinzu kommen täglich weitere Belastungen.

Morgenroutine: Langsame Vor-Entgiftung

Als 1. Schritt sollten Sie Ihre Morgenroutine anpassen und eine morgendliche Reinigung zur Entschlackung einbauen.

• Zungenschaben (optional)

- Diese ayurvedische Technik ist einfach und effektiv. Über die Zunge gelangen nachts Ausscheidungsprodukte aus dem Körper. Diese sollten vor dem Frühstück entfernt werden, damit wir sie nicht wieder herunterschlucken. Wenn Sie erst einmal gesehen haben, was Sie sich alles von der Zunge kratzen können, dann werden Sie das nicht mehr missen wollen.

➢ Gleich nach dem Aufstehen mit einem Zungenschaber/-reiniger mehrmals mit sanftem Druck vom hinteren Zungenteil beim Rachen über die Zunge bis nach vorne zur Mundöffnung fahren. Nicht zu weit hinten beginnen, da sonst ein Würgereiz ausgelöst werden könnte. Jedes Mal den Zungenschaber/-reiniger mit heissem Wasser gut abspülen.

- Edelstahl ist hygienischer als Kunststoff und kostet wenig Geld [1]. Als Alternative kann man einen Löffel benutzen.

• 5 dl Zitronen- oder Limettenwasser auf nüchternen Magen

- Am Morgen ist der Körper dehydriert. Bei Wassermangel wird die Durchblutung der Organe ungünstig vermindert und der Stoffwechsel verlangsamt. Die Leber kann dann die Schlacken, die sie in der Nacht zusammengetragen hat, nicht ausschwemmen. Durch reichliche Flüssigkeitsaufnahme kann die Leber ihre Entgiftung fortsetzen.

- Zitronen und Limetten gelten als Fettverbrenner, helfen Salzsäure und Gallenflüssigkeit herzustellen, säubern verschmutztes Blut und unterstützen das Immunsystem der Leber durch einen Vitamin-C-Kick.

➢ Gleich nach dem Aufstehen 5 dl zimmerwarmes stilles (eventuell kurz gewärmtes) Wasser mit dem Saft von ½ Zitrone oder Limette auf nüchternen Magen trinken.

Tipps: Werfen Sie die Zitronen- oder Limettenschalen nicht weg, sondern benutzen Sie diese für Ihr Trinkwasser. Wenn Sie im Urlaub weilen und keine Zitronen oder Limetten finden, nehmen Sie einfach nur stilles Wasser. Sie können auch ein paar Zitrusfrüchte mit in den Urlaub nehmen.

Der Star der Morgenroutine: Stangensellerie-Saft

Stangensellerie - auch Staudensellerie genannt - ist eine der am meisten unterschätzten Gemüsesorten. Er ist reich an Kalium, Natrium und Schwefel, den drei Mineralstoffen, die unser Körper dringend braucht. Ferner enthält er die Vitamine A, B und C und verschiedene andere Vitalstoffe, u.a. krebsvorbeugende Cumarine und Phthalide. Beide Stoffe senken die Cholesterinwerte und lösen Verspannungen in den Arterien. Die Gefässe können sich erweitern, und das Blut kann wieder mit niedrigerem Druck durch die Adern fliessen.

Sein hoher Wassergehalt ist gut für unseren Flüssigkeitshaushalt, und seine Mineralsalze und Spurenelemente machen Selleriesaft zu einem wertvollen Elektrolytgetränk, welches bis in die tiefste Zellebene hydriert. Wassereinlagerungen im Gewebe sind zum Beispiel ein Anzeichen dafür, dass der Körper am Austrocknen ist, so unwahrscheinlich das auch klingt.

Der Saft des Stangensellerie ist eines der stärksten Heilmittel überhaupt. In reichlicher Menge genossen, ist er besonders entzündungshemmend und nervenberuhigend. Die Mineralsalze, die beim Entsaften freigelegt werden, verhindern Ablagerungen an den Harnwegen, regen die Nierentätigkeit an und unterstützen den Körper, sich von Krankheitserregern sowie Schad- und Fremdstoffen zu befreien. So findet der Körper wieder zu seinem natürlichen Gleichgewicht und kann seine Selbstheilkräfte aktivieren.

Zusätzlich helfen diese Salze die Leber und Gallenblase, das Lymphsystem, den Magen und den Darm von Schleim und Schlacken zu befreien, damit sie wieder kraftvoll arbeiten können.

Durch die Reinigungsarbeit wird auch der Magen angeregt, wieder genug Salzsäure zu produzieren. So wird die Nahrung richtig aufgespalten und für unsere Zellen verwertbar gemacht. Das hilft nicht nur gegen Nährstoffmangel, sondern auch gegen chronische Magenbeschwerden wie Sodbrennen oder Reflux. Die meisten Menschen haben nämlich nicht zu viel, sondern zu wenig Magensäure. In der Naturheilkunde erklärt man schon lange, dass Sodbrennen und Reflux nicht immer auf einen Magensäureüberschuss hinweisen müssen, sondern dass auch ein Mangel vorliegen könnte, der ganz ähnliche Beschwerden verursacht. Stangensellerie kommt mittlerweile als Anti-Aging-Wunder oder "Schönheitsbooster" ebenso zum Einsatz wie bei chronischer Erschöpfung, Reizdarm, Gewichtsproblemen, Diabetes oder schwer behandelbaren Erkrankungen wie Borreliose, rheumatoider Arthritis und Autoimmunkrankheiten.

• 5 dl reinen, frisch gepressten und abgeseihten Stangensellerie-Saft

➢Warten Sie nach dem Zitronenwasser mindestens 15 Minuten (am besten 30 Minuten), und trinken Sie dann den puren Selleriesaft sofort nach der Pressung auf nüchternen Magen. Der Saft sollte immer abgeseiht werden, denn wir benötigen für die Reinigung den puren Extrakt und nicht die Ballaststoffe. Den Trester (die festen Rückstände) können Sie in den Kompost für Ihren Garten geben.

- Mischen Sie auch nie Wasser, Eiswürfel oder andere Sachen dazu, egal wie gesund diese sein mögen (Ingwer, Kurkuma, Cayennepfeffer u.a.), weil sie die Wirksamkeit mindern.

- Pro Person benötigen Sie ca. 2 grosse Bund Stangensellerie mit oder ohne Grün: Bund oben wenig und unten 4 - 5 cm abschneiden. Jede Stange mit kaltem oder warmem Wasser abspülen und in ein Sieb legen, damit das Wasser abtropft. Die Blätter können mitgepresst werden, der Saft wird dann bitterer. Je nach Entsafter können Sie das Pressgut nochmals durchpressen.

- Die dunkelgrünen Stangen sind sehr bitter. Ich bevorzuge Bleichsellerie, der aber nicht immer erhältlich ist. Wenn keine Bio-Qualität verfügbar ist, sollten Sie jede Stange gut abwaschen.

- Warten Sie nach dem Konsum mindestens 15 Minuten (am besten 30 Minuten) bevor Sie andere Flüssigkeiten oder Nahrung zu sich nehmen.

Tipps und Hinweise:

- Beginnen Sie mit dem Selleriesaft am besten an einem arbeitsfreien Tag oder am freien Wochenende, und trinken Sie ihn anfangs nur an freien Vormittagen, da es zu erhöhtem Stuhl- und Harndrang kommen kann. Die Viren- und Bakterienleichen werden über die Nieren und den Darm entsorgt, wodurch es gerade in der Anfangszeit auch zu etwas Durchfall kommen kann. Dies ist ein Zeichen der Wirksamkeit.

- Es kann auch sein, dass es am Anfang zu einer Verstärkung bestehender Symptome kommt, oder Nebenwirkungen auftreten wie Hautunrein- heiten und Juckreiz, Frösteln, verstärkter Körpergeruch u.a., weil durch das Abtöten der Keime "Leichengifte" entstehen. Falls die Entgiftung unangenehm stark sein sollte, können Sie auch mit kleineren Portionen (1,5 dl - 2,5 dl) starten und diese täglich erhöhen. Langfristig sollten es unbedingt 5 dl pro Person sein, damit sich die heilende und reinigende Wirkung im ganzen Verdauungstrakt entfalten kann. Diese Menge eignet sich auch für Kinder ab 12 Jahren.

- Wenn Sie morgens in Eile sind, dann lassen Sie das Zitronenwasser weg und trinken gleich nach dem Aufstehen den Selleriesaft.

- Um Zeit zu sparen, können Sie die Stangen am Vorabend waschen und rüsten. Im Notfall pressen Sie den Saft am Vorabend und bewahren ihn gut verschlossen im Kühlschrank auf oder frieren ihn ein. Aber wirklich nur, wenn es nicht anders geht.

- Wenn Sie grössere Mengen Stangensellerie brauchen (zum Beispiel am Wochenende), ist es ratsam, diese im Supermarkt vorzubestellen. Er hält sich im Gemüsefach des Kühlschranks ein paar Tage. Verbrauchen Sie ihn aber, bevor er gelbliche Blätter oder braune Flecken bekommt.

- Für die Zubereitung eignen sich horizontale Slow Juicer (ich benutze Sana Omega 707), die auch ganz einfach und schnell zu reinigen sind. Grundsätzlich eignet sich jeder gute Entsafter (eventuell müssen Sie die Stangen vorher zerkleinern). Auch ein leistungsstarker Mixer tut's, ein- fach nachher den Saft mit einem Mulltuch gut abseihen.

- Falls Sie keinen Stangensellerie finden, trinken Sie 5 dl reinen abge- seihten Gurkensaft (2 - 3 ungeschälte Salatgurken pro Person entsaften). Dieser eignet sich auch für Menschen mit einer Sellerie-Allergie.

- Sie können die Morgenroutine während ein paar Wochen durchführen, bis Sie bereit sind für einen weiteren Schritt (Detox-Vormittag). Allein diese Massnahmen werden die Aktivität der Leber, des Darms und des Magens deutlich steigern, und Sie werden sich spürbar besser fühlen.

- Wahrscheinlich werden Sie in der ersten Zeit mehr Hunger empfinden, da die Produktion von Magensaft stark angeregt wird. Dies hat eine bessere Verdauung und eine effiziente Beseitigung von Viren und Bakterien zur Folge, was dem gesamten Organismus zu Gute kommt. Auch das Völlegefühl nach dem Essen entfällt, was am Anfang etwas ungewohnt ist. Hungern Sie nicht, denn das würde die Leber unter Stress setzen. Halten Sie immer gesunde Snacks bereit (mehr dazu später), und essen Sie sich während den Mahlzeiten satt. Auch wenn Sie dadurch am Anfang etwas zunehmen sollten, bleiben Sie unbedingt dabei. Längerfristig wird Ihr Stoffwechsel viel besser funktionieren. Sie werden schneller und länger satt sein und dadurch das überschüssige Gewicht verlieren. Gewichtszunahme oder nicht abnehmen zu können sind nämlich häufig das Ergebnis einer erschöpften Leber.

- Wenn Sie morgens nicht dazu kommen, können Sie sich auch während des Tages einen Selleriesaft auf nüchternen Magen gönnen. Er ist zwar nicht so effektiv wie am Morgen, hydriert und reinigt Ihre Leber aber trotzdem.

- Wenn Sie morgens sofort Kaffee brauchen, trinken Sie den Selleriesaft nach 15 - 30 Minuten trotzdem. Er wird Ihnen ebenfalls helfen, nur eben nicht so schnell.

- Falls Sie Medikamente oder Nahrungsergänzungen einnehmen, tun Sie dies 30 Minuten vor oder nach dem Selleriesaft. Bedenken Sie, dass der Saft keine Mahlzeit ist. Sie sollten nachher unbedingt etwas frühstücken.

- Wenn Sie mehr über den Wundertrank erfahren möchten, empfehle ich Ihnen das Buch "Selleriesaft: Der ultimative Superfood-Drink für deine Gesundheit" von Anthony William.

Detox-Vormittag:
Verschnaufpause für die Leber

Die 2. Phase verschafft Ihrer Leber ebenfalls grosse Erleichterung. Sie eignet sich auch als Vorbereitung für die Detox-Programme (ab Seite 30) sowie für die Zeit danach.

Es geht hier darum, der Leber die richtige Energie für ihre morgendlichen Aufgaben zu geben und ihr zuzugestehen, ihre Aufräumarbeit in gemächlichem Tempo zu erfüllen. Die Leber beginnt nämlich zwischen 3 und 4 Uhr morgens mit dem Aufräumen und möchte am liebsten bis zum Mittag bei der Sache bleiben. Wenn wir morgens fett-, protein- oder zuckerreich frühstücken, muss sie ihre Entgiftungsarbeit liegen lassen und wird gedrängt, sich wieder um das Tagesgeschäft zu kümmern.

Wenn sich also Ihre Verdauung eingependelt hat, und Sie den Selleriesaft gut vertragen, können Sie das konventionelle Frühstück durch heilsames Obst ersetzen und sich so einen schönen "Heilvorsprung" verschaffen.

Zur Vitalisierung der Leber eignen sich Früchte, die sie mit wertvollen Anthocyanen (Pflanzenstoffe die im roten, violetten, blauen oder blauschwarzen Farbstoff enthalten sind) und gut verwertbarer Glukose (und somit Energie) versorgen:

- Rote Äpfel
- Beeren (v.a. Heidelbeeren / Blaubeeren)
- Rote Drachenfrucht
- Feige
- Granatäpfel
- Kirschen
- Pflaumen und Zwetschgen
- Rote Trauben (mit Kernen!)
- Bananen
- Mango
- Papaya.

Sie können auch einen Smoothie aus diesen Zutaten herstellen (siehe auch folgende Seite).

Detox-Smoothie, 1 Portion

Das Mixgetränk stellt Heidelbeeren in den Vordergrund, weil diese die höchste antioxidative Schutzwirkung enthalten. Die wilden, kleinen Beeren mit rotem Fruchtfleisch liegen mit ihrem Gehalt an Zell-schützenden Stoffen auf Platz 1 vor Brombeeren, Kultur-Heidelbeeren, Himbeeren und Erdbeeren.

Nehmen Sie immer reife Früchte, und bereiten Sie den Smoothie im Mixer (nicht Entsafter) zu, damit die Ballaststoffe, welche Ihre guten Dickdarm-bakterien füttern, erhalten bleiben. Sie können - je nach Hunger - eine oder mehrere Portionen herstellen und diese, ganz nach Bedarf, im Laufe des Vormittags konsumieren. Der Smoothie eignet sich zum Mitnehmen.

Zubereitung: 5 Minuten

- 1 Banane oder 1 Mango oder 1 Papaya
- 1 Handvoll Brombeeren oder 1 Handvoll Kirschen oder
  1 rote Drachenfrucht oder 1 Granatapfel
- 2 Handvoll wilde Heidelbeeren oder Kultur-Heidelbeeren

optional: wenig Wasser, 1 Selleriestange, Sprossen (beliebige Sorte)

Tipps:
- Wenn Sie kein frisches Obst finden, nehmen Sie einfach tiefgekühltes (Auftauen nicht nötig). Generell empfiehlt es sich, 1 Handvoll gefrorene Früchte beizugeben, weil Ihr Smoothie dadurch kühl und frisch schmeckt.
- Die rote Drachenfrucht und die wilden Heidelbeeren können Sie auch in Form von getrocknetem Fruchtpulver [2] beifügen. Nehmen Sie je 2 Ess-löffel, und giessen Sie wenig Wasser dazu.
- Gekeimte Sprossen bekommen Sie im Supermarkt. Sie können auch ganz einfach selber gezogen werden (Anleitung Seite 15).
- Trinken Sie den frisch zubereiteten Smoothie am besten sofort. Gut ver-schlossen im Kühlschrank hält er sich aber ca. 2 Tage.
- Falls Sie bis zum Mittagessen Hunger verspüren und/oder Sport machen, nehmen Sie ein zweites Frühstück oder einen Vormittagssnack (ab Seite 16) ein. Sie sollten nicht hungern, denn das hat eine Adrenalinaus-schüttung zur Folge, die den Nieren und der Leber nicht bekommt.

Heutzutage wird wegen des hohen Fruchtzuckergehalts vom Verzehr von Obst abgeraten. Fruchtzucker steht im Verdacht, eine Fettleber zu verursachen, und die Fruktoseintoleranz ist weit verbreitet.

Tatsächlich ist es nicht der Fruchtzucker, der uns Probleme macht, sondern eine gestaute Leber und ein "verschlackter" Darm, die den Einfachzucker nicht mehr aufnehmen können, so dass dieser in grossen Mengen in den Dickdarm gelangt, wo er nicht hingehört. Dort gärt die Fruktose und es bilden sich Gase. Diese körperlichen Beeinträchtigungen sind übrigens auch ein Grund, wieso bestimmte Gemüsesorten, welche die Verdauung besonders fordern wie Peperoni, Kohl, Zwiebeln und Knoblauch sowie Hülsenfrüchte Blähungen verursachen können.

Obst sollte nicht mit / nach Fett (und daher auch nicht mit / nach Proteinen, die ja ebenfalls ordentlich Fett enthalten) gegessen werden. Sonst wird das Blut mit Fett gesättigt, und die Zellen kommen so nicht mehr an den natürlichen Zucker heran.

Oftmals bekommen Menschen nach dem Verzehr von Melonen, insbesondere Wassermelonen, Magenschmerzen. Dies ist darauf zurückzuführen, dass sie diese wasserreichen Früchte nach einer üppigen und fettreichen Mahlzeit essen, und das Wasser im Magen liegen bleibt, was Gärungsprozesse begünstigt.

Rohes Obst sollte auch nicht gemeinsam mit gekochtem Gemüse und gekochter Stärke verzehrt werden. Rohe und gekochte Speisen werden unterschiedlich schnell verdaut, und es kann zu Verdauungsschwierigkeiten kommen. Am besten essen Sie Früchte alleine und auf leeren Magen oder zusammen mit rohem Gemüse.

Obst ist sehr wertvoll für uns. Es besitzt eine extrem starke Heilkraft, weil es eine Kombination von natürlicher Glukose, Fruktose, Ballaststoffen, natürlichen Salzen und tausenden von sekundären Pflanzenstoffen enthält, die den Körper bis tief in die Zellen hinein vitalisieren.

Auch zur Deckung des Kalorienbedarfs und gegen den gefürchteten Heisshunger, bei dem wir oft unkontrolliert ungesunde Sachen zu uns nehmen, brauchen wir Obst neben stärkehaltigen Gemüsesorten wie Kartoffel, Kochbanane, Kürbis, Pastinake, Süsskartoffel, Topinambur und Yams.

Sprossen – das Supergrün

Während die Lebenskraft gepflückter und gelagerter Gemüse- und Obstsorten über die Zeit immer mehr verloren geht, befinden sich Sprossen zum Zeitpunkt des Verzehrs im vollen Aufbau. In ihnen fliesst sozusagen die aufbauende und lebensfördernde Energie.

Prall gefüllt mit wertvollen Vitalstoffen und Enzymen, sind Sprossen eine wahre Wohltat für unseren Organismus. Auch sind sie Träger von Biotika, den guten Mikroben für unseren Darm, die man sonst nur auf ungespritztem Obst oder oberirdisch wachsendem Gemüse findet, welches man gleich nach dem Pflücken oder Abschneiden verzehrt. Diese Super-Wirkstoffe sind also weder in Kapseln noch in fermentierten Nahrungsmitteln zu finden.

Die Kraftpakete sorgen zudem dafür, dass Vitamine und Mineralstoffe wirklich resorbiert werden und der Leber zu Gute kommen. Sie passen zu allem: von Smoothies über Rohkost bis zu gekochten Speisen (einfach nicht mitkochen).

Frischer geht's nimmer – ganz einfach selber ziehen

Sprossen-Samen sind lange haltbar (sogar bis einige Jahre nach Ablauf der deklarierten Mindesthaltbarkeit) und werden das ganze Jahr platzsparend drinnen gezogen, d.h. im Wohnzimmer, Büro oder in der Küche.

Sie sind mit dem geeigneten Keimglas [3] kinderleicht zu ziehen, brauchen nur Wasser und Licht (*Achtung*: nicht an die pralle Sonne stellen) und sind in nur 5 - 7 Tagen zum Verzehr bereit.

Nach dem Keimen kann man sie während einer Woche in einem geschlossenen Schraubglas oder in leeren Honig-Gläsern im Gemüsefach des Kühlschranks lagern.

Zweites Frühstück und Vormittagssnack

Viele von uns erleben im Laufe unseres Lebens eine Nebennierenermüdung. Andauernde Belastungen, sei es durch Stress, chronische Infektionen, Ernährungsfehler, Toxine und Strahlen, führen dazu, dass die Nebennieren ständig Stresshormone ausschütten. Irgendwann können sich die Hormondrüsen erschöpfen, und es entstehen Symptome wie unerklärliche Müdigkeit, Antriebslosigkeit, Schlafstörungen, Migräne, Kaffeesucht, Gewichtsveränderung oder hormonelles und psychisches Ungleichgewicht.

Der beste Weg (neben der Reinigung) die Nebennieren zu unterstützen ist, den Kaffee eine Zeitlang ganz zu meiden und alle 1 ½ - 2 Stunden (oder je nach Hunger) heilsame Früchte oder glutenfreie Stärke (Seite 27) zu sich zu nehmen. Dadurch wird der Blutzucker während des ganzen Tages stabil gehalten. Solange der Glukosespiegel nicht sinkt, müssen die Nebennieren nicht eingreifen und Adrenalin freisetzen.

Ein paar Ideen für ein zusätzliches Frühstück oder einen Snack:

Wasserreiches Obst (bitte immer reif konsumieren)

Ananas, Apfel, Aprikose, Beeren, Birne, Cranberry, Drachenfrucht (Pitaya), Feige, Granatapfel, Grapefruit, Kaki, Kirsche, Kiwi, Mandarine, Mango, Melone / Wassermelone (mit Kernen!), Nektarine, Orange, Papaya. Pfirsich, Pflaume, Trauben (mit Kernen!), Zwetschge, allenfalls mit 2 - 4 getrockneten Datteln.

Anstelle der Datteln ist dunkles Trockenobst geeignet. Einige Beispiele: Aroniabeeren, Feigen, Pflaumen, Rosinen, schwarze Johannisbeeren, schwarze Maulbeeren, Süsskirschen, Zwetschgen. Bitte kaufen Sie Produkte, die nicht mit Zucker, Öl und anderen Zusätzen angereichert sind.

Hinweis:

Gedörrte Früchte sind gesund, verlieren aber durch den Trocknungsprozess Vitalstoffe und lebendiges Wasser. Äpfel, beispielsweise, verringern getrocknet bis zu 90 % ihres Gewichts. Um sie zu verdauen, muss der Körper viel Flüssigkeit aufbringen, welche dann in den Organen fehlt. Sie sollten deshalb sparsam mit Dörrobst umgehen.

Grüner Smoothie

Grüne Smoothies sind voller Nährstoffe. Sie werden im Mixer (nicht Entsafter) zubereitet und bestehen volumenmässig maximal zu 50 % aus reifen, wasserreichen Obstsorten sowie Bananen, wenig Wasser oder Kokosnusswasser und folgendem vitalstoffreichem Pflanzengrün:

- Blatt- und Jungspinat, Brunnen- und Gartenkresse, grüner Peperoni, grüner Spargel, Grünkohl, Mangold und Schnittmangold (ohne Stiele), Pak Choi, Portulak, Rucola, Salatblätter, Salatgurke, Stangensellerie, Wirsing (Wirz) und Chinakohl, Zucchino (gelb und grün)

- Sprossen (beliebige Sorte) und Kräuter: Basilikum, Dill, Koriander, Petersilie, Pfefferminze, Schnittlauch, Zitronenmelisse

- Wildpflanzen: Bärlauch, Borretsch, Brennnessel, Gänsefuss, Giersch, Löwenzahn, Sauerampfer, Schachtelhalm, Wegerich, Wildmalve u.a.

- Grün / Blätter von: Fenchel, Frühlingszwiebel, Karotte, Kohlrabi, Radieschen, Rettich, Rote Bete

- *Optional*: Aloe vera, Datteln, Gerstengrassaft-Pulver [4], Spirulina-Pulver [4], Lappentang (Dulse) [5], Seetang (Kelp) [5], Ingwer, Kurkuma, Muskat, Zimt, Zitronen- oder Limettensaft

Wenn Sie es beim Experimentieren mit Wildkräutern zu gut gemeint haben, und der Smoothie bitter schmeckt, wirken 1 - 2 reife Birnen, wenig Ingwer oder Zitronensaft Wunder.

Vorschläge für reinigende Smoothies (1 Portion):

2 Handvoll Jungspinat oder Rucola
1 Apfel & 1 Birne
3 cm Ingwer
3 Medjool Datteln, ohne Kern
etwas Wasser & Saft von ½ Zitrone
optional: 1 TL Spirulina-Pulver [4]

2 Handvoll Grünkohl, ohne Stiele
1 Handvoll glatte Petersilie
1 Handvoll rote Trauben (mit Kernen!)
4 frische Feigen
etwas Wasser & Saft von 1 Orange

1 kleiner Kopfsalat
4 Pfirsiche oder 1 Granatapfel
etwas Wasser & Saft von 1 Limette

3 Handvoll Löwenzahn
2 Äpfel
4 Medjool Datteln, ohne Kern
etwas Wasser & Saft von 2 Zitronen

Glutenfreie Haferflocken, Amaranth- / Quinoapops

Mit Wasser, frisch gepresstem Apfel- oder Orangensaft, Mandelmilch oder mit aufgetauten Beeren samt Saft einweichen.

Optional: frische Früchte, wenig Dörrobst, Zimt, naturreiner Honig oder Ahornsirup.

Hafergrütze oder Hirse-Porridge

In Wasser oder Mandelmilch kochen.

Optional: frische Früchte, wenig Dörrobst, Zimt, naturreiner Honig oder Ahornsirup.

Maronen frisch geröstet vom Stand oder glasiert (Rezept Seite 20).

Glasierte Süsskartoffel-Würfel (Rezept Seite 21).

Waffeln aus Reis, Quinoa, Amaranth, Buchweizen

Sie sind im Lebensmittelgeschäft erhältlich.

Optional: mit etwas Honig oder Ahornsirup bestreichen. Sie können auch ein Sandwich daraus machen, indem Sie eine Scheibe bestreichen und die zweite darauf legen.

Muffins

Gluten-, Milch- und Eier-freie Muffins, wie auf Seite 22 beschrieben, sind ein ideales Häppchen zum Frühstück oder für eine Zwischenmahlze t.

Hinweise: Ich empfehle die Verwendung von echtem, naturbelassenem Bienenhonig aus der Produktion von lokalen Imkern. Diese verkaufen in der Regel Naturprodukte, welche nur geschleudert, aber nicht erhitzt wurden. Je stärker eir Honig verarbeitet ist, desto mehr ist er mit Zucker vergleichbar. Industriell verarbeiteter Honig wird zudem oft aus verschiedenen Sorten gemischt. Ein weiterer wichtiger Punkt, welcher für lokale Produkte spricht, ist: Wenn man unter Heuschnupfen leidet und eine Desensibilisierung unterstützen möchte, sollte der Honig aus der Region stammen. Dieser enthä t geringe Mengen lokaler Blütenpollen. Damit er aber viele seiner gesundheitsfördernden Inhaltsstoffe behält, sollte man ihn nicht erhitzen, d.h. Getränken und Speisen erst zugeben, wenn diese etwas abgekühlt sir d (unter 40°C).

Mandelmilch im Handumdrehen selber herstellen, 1 Person

Sie können die Mandelmilch mit wenigen Zutaten, die auch gut lagerbar sind, ganz einfach und schnell selber herstellen. So wissen Sie, was drin ist. Gut verschlossen im Kühlschrank hält sie sich bis zu 2 Tagen.

Folgende Zutaten werden im Mixer ganz fein zerkleinert:

2,5 dl Wasser

1 EL weisses oder braunes Mandelmus

2 Medjool Datteln, ohne Kern (oder doppelte Menge kleine Datteln)

Rezept für 1 Liter: 9 dl Wasser, 4 EL Mandelmus, 5 - 6 Medjool Datteln.

Wenn Sie Mandelmilch kaufen, sollten Sie darauf achten, dass kein Zucker zugesetzt wurde. Dieser wird auf der Verpackung direkt unter den Kohlenhydraten ausgewiesen. Ob es sich um zugesetzten oder natürlich im Produkt enthaltenen Zucker handelt, sehen Sie in der Zutatenliste. Ist "Zucker" ausgewiesen, wurde - wie im Beispiel unten 3 g - Zucker zugefügt.

Die Inhaltsstoffe werden übrigens immer nach ihrem prozentualen Gewichtsanteil in abnehmender Reihenfolge aufgeführt. Sprich: Je mehr von einem Stoff im Produkt enthalten ist, desto weiter vorne steht er in der Zutatenliste.

Beispiel gekaufte Mandelmilch: Nährwertangaben je 100 ml

Energie	102 kJ (24 kcal)
Fett	1,1 g
davon gesättigte Fettsäuren	0,1 g
Kohlenhydrate	3 g
davon Zucker	**3 g**
Eiweiss	0,5 g
Salz	0,13 g

Zutaten: Wasser, **Zucker**, Mandeln (2 %), Tricalciumphoshat, Meersalz,...

Hinweis: Während der Tiefenreinigung (Seite 40) sollten Sie Mandelmilch meiden, da Mandelmus Fett enthält.

Glasierte Maronen, 1 Person

Garen: 5 - 15 Minuten

1 Handvoll Maronen (geschält und tiefgekühlt oder
                      geschält, gekocht und vakuumverpackt)
wenig Wasser
1 EL naturreiner Honig (oder Ahornsirup)

1. Tiefgekühlte Maronen mit wenig Wasser zugedeckt in Bratpfanne
    weich garen. Deckel wegnehmen und restliche Flüssigkeit ver-
    dampfen lassen. Schneller geht's, wenn man schon weich gekochte
    Maronen kauft. Diese nur ganz kurz offen mit wenig Wasser erhitzen.
2. Bratpfanne von der Wärmequelle nehmen und mit Honig (oder
    Ahornsirup) vermengen.

Tipp: Heidelbeeren (Blaubeeren) dazu servieren.

Glasierte Süsskartoffel-Würfel, 1 P.

Vorbereitung: 5 Min. / Backofen vorheizen: 200°C / Backen: 35 - 40 Min.

1 grosse Süsskartoffel
1 EL naturreiner Honig, flüssig (oder Ahornsirup)
1 EL Zitronensaft

1. Ungeschälte, ganze Süsskartoffel auf den heissen Ofenrost legen und weich backen.
2. Honig (oder Ahornsirup) und Zitronensaft vermengen.
3. Warme Süsskartoffel in Würfel schneiden. Vorsichtig in der Honig-Zitronensaft-Sauce wenden. Warm oder kalt servieren.

Variationen:
- Mit etwas Zimt bestreuen.
- Warme, ungeschälte Süsskartoffel längs in der Mitte etwas aufschneiden und Honig-Zitronensaft-Sauce in die Öffnung giessen. Essen Sie die Schale mit, sie enthält viele Antioxidantien.
- Etwas gerösteten Sesam unter die Honig-Zitronensaft-Sauce mischen. Während der Tiefenreinigung jedoch bitte meiden, da Samen Fett enthalten (gilt auch für nächstes Rezept).

Heidelbeer-Muffins
6 Muffins (je nach Formgrösse)

Zubereitung: 15 Minuten / Backofen vorheizen: 190°C / Backen: ca. 30 Min.

70 g glutenfreie Kleinblatt-Haferflocken

40 g Sesam- oder weisse / schwarze Chiasamen

1 TL Backpulver (z.B. Weinstein)

¼ TL Salz

4 kleine Bananen

0,8 - 1 dl Ahornsirup (oder 2 - 4 EL naturreiner Honig)

2 EL Zitronensaft

80 g tiefgekühlte Heidelbeeren (Blaubeeren)

1. Haferflocken und Samen mit Stabmixer zu Mehl verarbeiten (optional glutenfreies Hafermehl nehmen und Samen im Mörser zerreiben). Backpulver und Salz untermischen.

2. Bananen zerdrücken und mit Ahornsirup (oder Honig) und Zitronensaft zugeben. Alles nochmals pürieren, bis ein homogener Teig entsteht. Tiefgekühlte Beeren vorsichtig untermischen.

3. Muffinförmchen bis etwas über die Hälfte einfüllen und backen. Zahn-stocherprobe machen: Zahnstocher reinstecken und herausziehen. Wenn kein Teig mehr kleben bleibt, ist der Muffin durchgebacken.

Kleiner Aufwand, grosse Wirkung: Hydrieren!

Die meisten Menschen sind chronisch dehydriert, auch wenn sie es nicht merken und nicht durstig sind. Sie trinken nicht genug oder das Richtige und nehmen zu wenig Rohkost in Form von Obst und Salat zu sich. Gekochtes Essen sowie verarbeitete Lebensmittel zwingen den Körper, zur Verdauung Flüssigkeit aus verschiedenen Organen zu ziehen. Denselben Effekt haben entwässernde Getränke wie Kaffee (mit oder ohne Koffein), koffeinhaltiger Tee (Schwarz- und Grüntee), Trinkschokolade, Limonaden, alkoholische Getränke und Knochenbrühe. Hält die Dehydration an, kommt es zu "dickem Blut", was Ursache für Leistungsabfall und Krankheit sein kann, weil die Durchblutung gestört wird. Die Situation ist vergleichbar mit stehendem Gewässer, welches zu wenig Sauerstoff enthält und daher Fäulnis begünstigt. Dies bietet den gefährlichen Keimen einen idealen Nährboden, und sie können sich ungehindert vermehren.

Zitronen- und Limettenwasser

Frisches, sauberes Quellwasser ist lebendig und hydriert unsere Zellen. Da kaum jemand von uns mehr Zugang dazu hat, müssen wir das Wasser selber beleben, indem wir ein paar Spritzer Zitronen- oder Limettensaft, ein paar Gurkenscheiben oder wenig Honig / Ahornsirup beifügen. Trinken Sie während des Tages ausreichend belebtes, zimmerwarmes Wasser. Tun Sie dies insbesondere nach dem Sport, nach dem Genuss von Kaffee, oder falls Sie krank sind. Fügen Sie Ihrem Trinkwasser die ausgepressten Zitronen- oder Limettenschalen der Morgenroutine bei.

Hinweis: Wenn Sie sich in der Nähe eines Getränkemarktes befinden, dann besorgen Sie sich am besten stilles Wasser in Glasflaschen (kaufen Sie aber kein basisches Wasser, das belastet die Leber).

Ingwerwasser, 1 Person

Nehmen Sie eine ca. 3 cm grosse, frische Ingwerwurzel pro 5 dl Wasser, und reiben Sie diese ins Wasser. Sie können den Ingwer auch in kleine Stäbchen schneiden und in der Knoblauchpresse etwas zerdrücken, bevor Sie sie (mit dem ausgepressten Ingwersaft) ins Wasser legen. Lassen Sie den Ingwer mindestens 15 Minuten ziehen. Sie können die Infusion sogar über Nacht in den Kühlschrank stellen.

Optional: Saft von ½ Zitrone und/oder 2 TL Honig (oder Ahornsirup) ins Wasser geben.

Aromawasser oder Infused Water

Sie können Ihr Wasser weiter anreichern, indem Sie folgende natürliche Zutaten zugeben:

- Frische Kräuter: Basilikum, Holunderblütendolden, Lavendel, Oregano, Petersilie, Pfefferminze, Rosmarin, Salbei, Waldmeister, Zitronenmelisse
- Gurkenschnitze
- Beeren und/oder klein geschnittene Früchte: Ananas, Apfel, Aprikose, Birne, Granatapfelkerne, Grapefruit, Kiwi, Melone, Orange, Pfirsich, Pflaume, Sternfrucht, Trauben, Zwetschge

Zur Stärkung der körpereigenen Abwehrkraft eignet sich Folgendes:

- Frischer Thymian, ein paar Gewürznelken (am besten in Zitronen- oder Limettenschalen reinstecken), 1 - 2 getrocknete Sternanis, wenig geschnittene Süssholzwurzel, 1 Zimtstange

Kokosnusswasser

Kokosnusswasser ist zum Hydrieren gut geeignet, weil es wertvolle Elektrolyten enthält. Lesen Sie jedoch die Zutatenliste, um herauszufinden, ob Zucker zugefügt wurde. Es sollte nur Kokosnusswasser stehen und sonst nichts.

Wassermelonen-Cooler, 4 Personen → mein Favorit

Gemixte Wassermelonen sind eine erfrischende, durstlöschende Köstlichkeit. Sie eignen sich gut zum Hydrieren, da sie das Blut mit Wasser anreichern. Der hohe Gehalt an lebendigem Wasser zusammen mit natürlichem Salz und Zucker spült Giftstoffe aus dem Verdauungstrakt.

Stellen Sie 1 mittelgrosse Wassermelone (ca. 3 kg, mit Kernen!) am Vortag in den Kühlschrank. Wenn Sie ein grosses Exemplar kaufen, halbieren Sie es und decken die Anschnittflächen mit Frischhaltefolie ab. Lösen Sie das Melonenfleisch von der Schale und mixen Sie es, bis eine glatte Flüssigkeit entsteht. Giessen Sie den Saft von 1 - 2 Limetten oder Zitronen dazu. Gut verschlossen hält sich der Cooler im Kühlschrank ca. 1 Tag.

Tipps: Zum Rüsten von grossen Wassermelonen schlagen Sie mit einem Gummihammer ein grosses Zackenmesser durch das Fruchtfleisch. Es kommt nicht selten vor, dass sich im Spätsommer, wenn die Saison langsam zu Ende geht, verdorbene Exemplare im Obstregal befinden. Wenn die Schale Schimmel aufweist und/oder beim Drücken weiche Stellen hat, lassen Sie die Wassermelone lieber liegen.

Gurkensaft

Gurkensaft ist eine wohltuende Erfrischung an heissen Tagen, denn er hilft die Körpertemperatur zu regulieren. Zudem soll er dank seiner entgiftenden Eigenschaft abschwellend wirken (geschwollene Füsse) und dank der Kieselsäure zu gesunden Haaren, Nägeln und reiner Haut beitragen. Entsaften Sie 2 - 3 ungeschälte Salatgurken pro Person. Mischen Sie - wie beim Selleriesaft - nichts dazu. Den Trester (die festen Rückstände) können Sie zu einer kalten Suppe verarbeiten oder als Einlage in eine Gazpacho geben (Rezepte siehe Rezeptteil). Als Alternative eignen sich die Säfte auf Seite 62.

Brennnessel- und Klettenwurzel-Tee

Diese zwei Teesorten sind hervorragende Blutreiniger. Bei blutbedingten Störungen wie Allergien, Hautausschlägen und Akne sollten Sie 2 - 3 Tassen pro Tag trinken, auch kalt. Sie können Brennnessel-Tee aus getrockneten oder frischen Blättern (siehe Seite 27) aufgiessen. Nehmen Sie für den Klettenwurzel-Tee die getrocknete, geschnittene Wurzel.

Rote Limonade, 2 Personen

1 Liter Hibiskus- oder roten Früchtetee zubereiten und etwas abkühlen lassen. Saft von 1 - 2 Zitronen und etwas Honig oder Ahornsirup darin auflösen. Lauwarm oder kalt trinken.

Optional: Eiswürfel und/oder Pfefferminzblätter zugeben.

Hinweise: Für den roten Früchtetee nehmen Sie eine Mischung, die u.a. getrocknete Hagebutte, Hibiskus und Holunderbeeren enthält. Vergewissern Sie sich in der Zutatenliste, dass "natürliches Aroma" nicht aufgelistet ist, denn dahinter könnte ein Geschmacksverstärker stecken.

Für den Abend: Hibiskus- und Zitronenmelissen-Tee

Es ist sehr empfehlenswert, nach dem Abendessen eine Tasse Hibiskus- oder Zitronenmelissen-Tee zu trinken. Diese zwei Sorten befeuchten, reinigen und kräftigen die Leber und unterstützen sie nachts bei ihrer Arbeit. Das hilft nicht nur schneller einzuschlafen, sondern auch durchzuschlafen (denn der 2. "Schmerz" der Leber - nach der Müdigkeit - sind Schlafstörungen). Zitronenmelisse wirkt überdies beruhigend.

Optional: Abgekühlten Tee mit Honig oder Ahornsirup süssen.

"Lass Nahrung deine Medizin sein und Medizin deine Nahrung"

Hippokrates, um 460 - 370 v. Chr.

Es gibt Menschen, die alleine mit der Morgenroutine, dem Detox-Vormittag und dem abendlichen Tee derart gute Resultate erzielen, dass sie einfach so weitermachen und eine tiefe Reinigung nie in Angriff nehmen. Manche ersetzen im Sommer den Selleriesaft mit dem saisonalen Gurkensaft (Seite 25), was ich sehr empfehlen kann. Andere meiden die Leber-Störenfriede (ab Seite 32) und integrieren dafür möglichst viele heilsame Lebensmittel (siehe folgende Seiten) in ihre Mahlzeiten. Machen Sie es einfach so, wie es für Sie stimmt.

Achten Sie aber darauf, dass Sie täglich möglichst viele frische, saisonale und lokale Naturprodukte verzehren, damit Sie zur richtigen Zeit mit den nötigen Nährstoffen wie Mineralien und Vitaminen versorgt werden. Den Vitamin-C-reichen Kohl gibt es beispielsweise bei uns im Winter, wenn Erkältungszeit ist.

Auch sollten Sie Ihren Speiseplan variieren, um alle benötigten Vitalstoffe abzudecken und so einem Mangel entgegenzuwirken. Jede Pflanze, sei sie noch so gesund, besitzt unterschiedliche Wirkstoffe. Grünkohl ist ernährungsphysiologisch nicht dasselbe wie Rucola. Auch jede Farbe deutet auf Wirkstoffe mit verschiedenen Aufgaben im Körper hin.

Um Ihre guten Darmbakterien optimal zu füttern, sollten Sie jede Woche etwa 30 verschiedene pflanzliche Lebensmittel (Gemüse, Salate, Pilze, Kräuter, Gewürze, Sprossen, Obst u.a.) zu sich nehmen. Essen Sie jeden Tag auch möglichst viele "Regenbogenfarben", also rot, orange, gelb, grün, blau und lila.

Sorgen Sie für Abwechslung, und probieren Sie ruhig Neues aus. Die Rotation ist übrigens auch wichtig, um Lebensmittelallergien vorzubeugen.

Ich empfehle auch eine Kombination von rohem und gekochtem Gemüse, weil je nach Zubereitung andere Phytochemikalien aus den Lebensmitteln gewonnen werden. Man kann das Gemüse kochen, dünsten, im Backofen backen oder grillen. Es muss auch nicht bissfest sein, sondern kann ruhig weich gekocht werden.

Besonders heilsame Lebensmittel

Früchte

Ananas, Apfel, Aprikose, Banane, Beere (v.a. wilde Heidelbeere / Blaubeere), Birne, frische Cranberry, getrocknete Dattel, Drachenfrucht (Pitaya), frische Feige, Granatapfel, Kirsche, Kiwi, Limette, Mandarine, Mango, Melone / Wassermelone (mit Kernen!), Orange, Papaya, Pfirsich, Pflaume, Trauben (mit Kernen!), Zitrone, Zwetschge

Gemüse, Salate, Pilze

Artischocke, Aubergine, Blatt- und Jungspinat, Blumenkohl, Brokkoli, Brunnenkresse, Chinakohl, grüner Spargel, Grünkohl (Federkohl), Karotte (v.a. roh), Kohlrabi, Kopfsalat, Löwenzahn, Palmkohl (Schwarzkohl), Pilze (besonders weisse Champignons), Radieschen, Rettich, Romanesco, Rosenkohl, Rotkohl, Rucola, Salatgurke, Spitzkohl, Stängelkohl (Cima di Rapa), Stangensellerie, scharfe Paprika- / Chilischote, Tomate, Zucchino (gelb und grün)

Kräuter, Gewürze und Sprossen

Algen, v.a. Lappentang (Dulse) [5] und Seetang (Kelp) [5], Brennnessel*, Ingwer, Knoblauch, Koriander, Kurkuma, Oregano, Petersilie, Rosmarin, Salbei, Schalotte, Thymian, Zitronenmelisse, Zwiebel, Sprossen (beliebige Sorte)

Glutenfreie Stärke

Kartoffel, Kochbanane, Kürbis, Pastinake, Süsskartoffel, Topinambur, Yams

---

* Bei den frischen Brennnesseln sollten Sie nur die oberen, kleinen 4 - 6 Blätter der Pflanze verwenden. Am besten zupfen Sie sie mit Handschuhen ab. Damit es im Mund nicht zu Irritationen kommt, sollten die Haare zuvor abgebrochen werden. Das geschieht, wenn man die Blätter kocht oder blanchiert, mit der Teigrolle darüber fährt, oder wenn man sie mixt oder püriert.

Fette

Avocado und Kokosnuss (in Form von Fleisch, Milch und Öl)

Hinweis: Beide Fette sind gut für Sie, solange Sie diese nicht täglich in rauen Mengen verspeisen. Avocados enthalten neben gutem Fett wertvolle Glukose, welche die Leber liebt. Die Kokosnuss ist gut geeignet, um die Anzahl Viren in Leber und Lymphsystem zu verringern. Aber nehmen Sie wirklich nur wenig davon zu sich. Zu viel Fett macht die Leber langsam, so dass sie ihre Aufgaben nicht mehr richtig erfüllen kann.

Süssmittel

Ahornsirup, naturreiner Honig

Bio-Produkte – wo sich der Aufpreis lohnt

Soll man seine Produkte in Bio-Qualität kaufen oder nicht? Diese Frage stellt sich mancher Konsument. Es muss nicht immer alles biologisch sein. Manchmal ist der Unterschied zu konventionell angebauten Lebensmitteln gar nicht so gravierend.

Viele Produkte sind jedoch aufgrund ihrer Behandlung sehr stark mit Giftstoffen kontaminiert und verlieren dadurch grosse Mengen an Vitalstoffen, so dass ihr gesundheitlicher Nutzen auf der Strecke bleibt. Diese "schmutzigen" Lebensmittel sollten aus ökologischer Landwirtschaft stammen. Dazu gehören:

- Grünes Blattgemüse wie Salat, Grünkohl, Spinat
- Salatgurke
- Tomate und Schote wie Peperoni, Chili
- Erbsen, Kartoffel
- Erdbeere (gehört zu den kontaminiertesten Früchten überhaupt)
- Himbeere, Brombeere
- Kirsche, Trauben
- Pflaume und Zwetschge
- Apfel, Birne, Nektarine, Pfirsich (wenn keine Bio-Ware, bitte schälen)

Die nachstehenden "sauberen" Lebensmittel können auch aus konventionellem Anbau stammen:

- Artischocke, Rosenkohl, Spargel
- Aubergine
- Süsskartoffel
- Zwiebel
- Avocado
- Ananas, Banane
- Grapefruit, Melone
- Mango, Papaya

Hinweise: Stangensellerie ist ein Grenzfall. Wenn Sie keinen Bio-Sellerie finden, oder er Ihnen zu teuer ist, dann nehmen Sie konventionellen und spülen ihn vorher gut ab. Zitronen und Limetten sollten aus Bio-Anbau stammen, wenn Sie ihre Schale weiterverwenden (z.B. für Ihr Trinkwasser).

Detox-Programme

Wenn wir unsere Gesundheit, unser Wohlbefinden und unser Aussehen verbessern wollen, reicht es nicht, unseren Speiseplan zu erweitern oder Nahrungsergänzungen einzunehmen. Eine Karotte pro Tag, ein paar Sprossen auf dem Rührei oder etwas Magnesium sind zwar gesund, werden es aber nicht richten. Wir müssen zwingend bestimmte Dinge eine Zeitlang vermeiden, damit sich unser Körper regenerieren kann. Wenn wir weiterhin Öl ins Feuer giessen, nähren wir Entzündungen und werden nicht das gewünschte Resultat erzielen.

Es ist wie bei der Renovation eines Hauses: Man muss erst einmal den alten Putz abschlagen, die Wände reinigen und die Fugen auskratzen, um Schimmel und Dreck zu entfernen, bevor man es wieder verputzt und streicht, damit es in neuem Glanz erstrahlen kann.

Eine tiefe Reinigung ist nur möglich, wenn man über eine gewisse Zeit eine rein Pflanzen-basierte, naturbelassene Ernährung pflegt. Fett sowie Proteine, die ja ebenfalls ordentlich Fett enthalten, behindern eine Entgiftung. Obst und Gemüse enthalten viele Vitamine und Mineralien. Grünzeug, in Form von Blattgemüse, Kräutern, Wildpflanzen und Sprossen, steuert die für ein Detox unentbehrlichen Vitalstoffe Folsäure, Chlorophyl (Blattgrün) und Magnesium bei. Die schlechten Keime können all diese Stoffe nicht verwerten, und sie verhungern.

Sie haben es sicher gemerkt: Ich spreche absichtlich von Pflanzen-basierter und nicht von veganer Ernährung. Hoch verarbeitete, denaturierte und somit tote Nahrungsmittel wie Sojawürstchen oder Seitan-Geschnetzeltes, Pommes, Zucker, Weissmehlprodukte und Cola sind auch veganes Essen. Sie sind aber auf keinen Fall förderlich für unsere Gesundheit und gehören daher auch nicht in ein effektives Detox.

Auch auf die richtige Ernährung der Leber kommt es an, wenn wir uns fitter und vitaler fühlen möchten. Um zu gedeihen, braucht die Leber hauptsächlich folgende Stoffe: Glukose, Vitalstoffe, Wasser und Sauerstoff.

Glukose (Traubenzucker) ist sozusagen der Treibstoff für die Leber. Sie kann diesen Einfachzucker jedoch nur für sich verwerten, wenn er mit den nötigen Nährstoffen wie Vitaminen, Mineralien, Spurenelementen und sekundären Pflanzenstoffen natürlich kombiniert ist. Geeignete Energielieferanten sind daher Obst, Gemüse und stärkehaltige Pflanzen. Haushaltzucker oder Glukose-Fruktose-Sirup (in Softdrinks und Industrieprodukten) hingegen sind für sie wertlos.

Ohne den natürlichen, vitalstoffreichen Zucker fehlt der Leber die Energie. Ihre Funktionstüchtigkeit lässt nach, was negative Konsequenzen für unsere Gesundheit hat.

Aber woher wissen Sie nun, ob Ihr Körper bereit ist für eine tiefe Reinigung? Idealerweise haben Sie mit der Morgenroutine und dem Detox-Vormittag bereits einige Zeit Erfahrungen gesammelt. Achten Sie dann auf gewisse Anhaltspunkte, die auf eine Verringerung der Belastung hindeuten:

- Ihr Allgemeinbefinden hat sich verbessert.

- Energieniveau und Stimmungslage: Sie kommen morgens gut aus dem Bett, haben tagsüber mehr Energie und sind guter Dinge.

- Ihre Zunge ist nach dem Aufstehen wenig oder gar nicht mehr belegt.

- Die Farbe Ihres Urins ist heller und klarer, und das bereits am Morgen früh.

- Sie sehen frischer aus.

- Sie haben weniger Lust auf Süsses und Fettiges.

Leber-Störenfriede

Während einer Reinigung sollten Sie folgende Stoffe reduzieren oder ganz meiden, weil sie sich nachteilig auf eine Entgiftung auswirken oder diese gar blockieren:

Milchprodukte inkl. Käse, Joghurt, Quark, Sahne, Butter, Ghee, Molke u.a.
Diese Produkte begünstigen Krankheiten, weil sie den Körper verschleimen und den Darm reizen. Aufgrund ihrer Zusammensetzung aus Fett und Zucker sind sie für die Leber belastend und mitverantwortlich für Probleme wie Ekzeme, Psoriasis und Akne. Das heisst aber keineswegs, dass eine gesunde Leber nicht in der Lage wäre, kleine Mengen davon aufzuschliessen. Rohmilchprodukte aus Kuhmilch oder Käse, Quark und Joghurt aus Schaf- und Ziegenmilch sind gute Varianten.

Gluten

Gluten, auch Klebereiweiss genannt, ist ein Protein, das in vielen Getreidearten wie Weizen, Gerste, Roggen, Dinkel, Grünkern, Einkorn, Emmer, Bulgur, Couscous u.a. zu finden ist. Der regelmässige Verzehr kann die Organe "verkleben" und somit entzündliche Prozesse im Darm (Morbus Crohn, Colitis ulcerosa) oder Autoimmunkrankheiten (Zöliakie, Multiple Sklerose) begünstigen. Es schwächt auch das Immunsystem und stärkt gleichzeitig die Krankheitserreger in der Leber.

Eier

Eier sind heutzutage nach Kuhmilch und Gluten der drittgrösste Verursacher von Lebensmittelallergien. Eier sind saisonal, d.h. im Winter gab es in früheren Zeiten keine Eier. Heute jedoch, geniessen wir sie das ganze Jahr, weil wir nicht realisieren, dass sie sich auch in Backwaren, Fertigprodukten und Teigwaren befinden. Die Rotation einzelner Lebensmittel beugt Allergien vor, weil der Körper nicht ständig den gleichen Reizen ausgesetzt ist. Da Eier die Lieblingsspeise gewisser Keime sind wie der Viren Epstein Barr, Herpes Zoster oder gewisser Bakterien wie E. coli, C. difficile, Helicobacter Pylori und Streptokokken, könnte sich der ständige Verzehr von Eiern wie ein Brandbeschleuniger auf chronische Probleme auswirken. Zu diesen Problemen gehören u.a. Migräne, Erschöpfung, Frauenbeschwerden wie Zysten und Polyzystisches Ovarsyndrom (PCOS) sowie Autoimmunkrankheiten.

Mais

Ursprünglich ein gesundes Lebensmittel, ist Mais mittlerweile nicht mehr zu empfehlen. Der überwiegende Teil des Anbaus wird für Kraftstoff, Mastfutter und Glukose-Fruktose-Sirup verwendet. Dies erklärt auch, wieso die Güteklasse nicht im Vordergrund steht, und Mais für viele Menschen unverträglich geworden ist. Ausgelaugte Böden, chemische Behandlung und gentechnische Veränderung haben die Qualität des Maisanbaus erheblich verschlechtert. Gentechnisch veränderter Mais kann auch biologischen Maisanbau kontaminieren. Wenn Sie Mais gerne mögen, gönnen Sie sich ab und zu einen frischen Bio-Maiskolben.

Soja

Soja zeigt dieselbe Problematik wie Mais. Sojabohnen sind nach Milch, Gluten, Eier und Mais ein grosses Allergen. Problematisch ist bei Soja auch der hohe Fettgehalt, welcher giftige Chemikalien wie Pestizide und Herbizide bindet. Wenn Sie Soja mögen, räumen Sie diesem Lebensmittel trotzdem nicht viel Platz auf Ihrem Speiseplan ein, und geben Sie Soja-Sprossen den Vorzug.

Fette

Alle Fette tierischer oder pflanzlicher Herkunft, seien sie noch so gesund, nehmen die Leber ganz schön mit. Zu ihrer Verarbeitung braucht es Gallenflüssigkeit, welche die Leber mühsam herstellen muss. Die Triglyceride gehen auch ins Blut über und machen es vorübergehend dickflüssiger. Andrerseits benötigt der Körper aber eine gewisse Menge bestimmter Fettsäuren zur Aufnahme fettlöslicher Vitamine, zur Hormonregulierung und Energiegewinnung sowie für die Gehirnfunktion.

- **Rapsöl** enthält chemische Stoffe, die Entzündungen fördern, schädliche Keime nähren und somit Leber, Darm und Gefässe schädigen können. Meiden Sie es ganz und dauerhaft. Es ist heutzutage in vielen Produkten enthalten, daher immer Zutatenliste abgepackter Nahrungsmittel lesen.

Tierisches Eiweiss

Beachten Sie, dass tierische Produkte ebenfalls viel Fett enthalten.

- **Schweinefleisch**, inkl. abgeleitete Produkte wie Schinken, Speck oder Schmalz, weisen den höchsten Fettgehalt aus. Schweinefleisch erthält auch minderwertiges Fett, welches die Leber schwächt und träge macht.
- **Leber-Fleisch** ist mit vielen Schadstoffen belastet.
- **Zuchtfische** leben auf engstem Raum. Da können sich Algen, Parasiten und andere Krankheitserreger vermehren, weshalb oft zu Antibiotika und Chemikalien gegriffen wird. Die Tiere bekommen auch unnatürliche Nahrungsmittel wie Soja, Getreide und Mais, die alle reich an Omega-6-Fettsäuren sind und dazu beitragen, dass der Gehalt an wertvollen, antientzündlichen Omega-3-Fettsäuren, welche die Fische mit den Algen zu sich nehmen, im Fischfleisch abnimmt.

Zucker, Glukose-Fruktose-Sirup und künstliche Süssstoffe

Zucker und Glukose-Fruktose-Sirup sind nicht an natürliche, vitalstoffreiche Glukose gebunden und bieten nichts, was die Leber oder die anderen Organe brauchen. Damit diese Süssstoffe "verdaut" werden können, verbrauchen sie gewisse wertvolle B-Vitamine, die wir an anderen Orten dringend brauchen. Auch schwächen sie unsere Magensäure und ermöglichen so schädlichen Keimen leichter in den Organismus einzudringen. Zu viel Zucker ist auch bekannt dafür, schlechte Viren, Bakterien und Pilze im Darm zu füttern und so das empfindliche Gleichgewicht der Darmflora zu stören.

Glukose-Fruktose-Sirup wird einer Vielzahl von Lebensmitteln zugesetzt, um diese zu süssen und zu konservieren. Oft ist er auch dort anzutreffen, wo man ihn geschmacklich nicht vermuten würde. Beispiele sind salzige Sachen wie: Chips, Essiggurken, Fertigpizza, Saucen, Tütensuppen, vorgegarte Nudel- und Tiefkühlprodukte u.a.

Aspartam, Acesulfam-K, Saccharin und andere künstliche Süssstoffe werden vorwiegend in zuckerreduzierten oder zuckerfreien Produkten verwendet. Sie werden auch gebraucht, um Nahrungsergänzungsmittel in Pulver- oder Brausetabletten-Form zu süssen. Sie sind zudem als Tafelsüsse zu haben. Diese synthetischen Zuckerersatzstoffe belasten die Leber.

Reduzieren Sie Ihren Zuckerkonsum, und meiden Sie Glukose-Fruktose-Sirup sowie künstliche Süssstoffe ganz und dauerhaft.

Zu viel Salz

Wenig Salz in Form von Meersalz oder Steinsalz (ohne Zusätze wie Rieselhilfen, künstliches Jod und Fluorid) ist durchaus gesund und wichtig für uns. Problematisch wird es, wenn man dauerhaft stark gesalzene, fettreiche Kost zu sich nimmt, weil sich so das Salz an unsere Zellen bindet und sie austrocknet. Würzen Sie daher sparsam mit Salz, und verwenden Sie stattdessen Kräuter und Gewürze.

Tipp: Für Ihren Jodhaushalt mischen Sie etwas getrocknete Algen (Lappentang / Dulse und Seetang / Kelp [5]) in Ihr Speisesalz, oder kaufen Sie gleich das Meersalz mit jodhaltigen Algen.

Glutamat und Zitronensäure

Der Geschmacksverstärker Glutamat, manchmal als "natürliches Aroma", "Hefeextrakt" oder unter anderen Namen versteckt, gelangt ins Innerste der Leber und belastet diese. Dieser Inhaltsstoff ist sehr beliebt und kann allen möglichen Produkten zugesetzt werden (inkl. Nährhefe), um den Geschmack zu verbessern. Er ist auch oft in Bouillons sowie konventionellen Tee-Mischungen anzutreffen.

Mit Zitronensäure ist nicht der Saft einer Zitrone gemeint, sondern die aus Schimmelpilzen gewonnene Zitronensäure, welche Lebensmittel konserviert und frisch aussehen lässt. Sie reichert sich in der Leber an und schädigt sie.

Meiden Sie beides ganz und dauerhaft.

Essig

Essig entsteht bei der Vergärung von alkoholischer Flüssigkeit. Reichlich verwendet, trocknet er - ähnlich wie Alkohol - die Leber aus. Apfelessig ist die bekömmlichste Form. Trotzdem sollten Sie auch diesen, wenn überhaupt, sehr sparsam einsetzen. Viel bessere Varianten zum Würzen Ihres Salates sind frischer Zitronensaft oder die fettfreien Dressings auf Seite 66.

Fermentierte Lebensmittel und Getränke

Fermentierte Nahrungsmittel und Getränke wie Brottrunk, Kefir, Kimchi, Kokos Aminos, Kombucha, Miso, Pickles, Sauerkraut, Tempeh u.a. zeigen dieselbe Problematik wie Essig.

Genussmittel wie Alkohol und Koffein

Eine mit Alkohol geflutete Leber trocknet regelrecht aus. Leberzellen werden verändert oder zerstört. Die Leber büsst an Funktionsfähigkeit ein und kann die Nährstoffe nicht mehr aufnehmen. Dies umso mehr, wenn wir - wie üblich bei oder nach einem Kater - Schweres und Fettiges essen, so dass die Leber nicht an die dringend benötigte Glukose kommt.

Koffein aus Kaffee, Kakao, schwarzem, grünem, weissem oder Mate-Tee und anderen koffeinhaltigen Getränken, wie Cola und Energy Drinks, regt die Nebennieren zur Ausschüttung von Adrenalin an, was den menschlichen Körper in die Kampf-oder-Flucht-Reaktion versetzt. Dieser Mechanismus ist wichtig bei einer lebensbedrohlichen Gefahr, ist jedoch ziemlich unnütz am Schreibtisch und sogar schädlich, wenn die ständige Alarmbereitschaft anhält.

Der ständige Konsum von Kaffee überstimuliert die Nebennieren (Stichwort: Nebennierenermüdung). Dies kann mit der Zeit zu Symptomen wie chronische Müdigkeit, Erschöpfung und Antriebslosigkeit führen, und man braucht noch mehr Kaffee oder anregende Mittel, um "in die Gänge" zu kommen (Stichwort: Kaffeesucht). Andere bekannte und dokumentierte Nebenwirkungen sind: Durchfall, Migräne, Schlafstörungen, Nervosität, Panikattacken, Verstärkung der Wechseljahrbeschwerden und Stimmungsschwankungen.

Kaffee ist zudem extrem sauer und kann deshalb Zahnschmelz und Zahnfleisch angreifen und den Magen reizen (Sodbrennen). Er ist sehr dehydrierend und macht die Leberzellen dünner. Normalerweise können sich diese schnell erholen. Nach der Tiefenreinigung, bei der auf Kaffee komplett verzichtet wird, haben sich die Leberzellen unter Umständen bereits regeneriert.

Tipp: Wenn Sie ausserhalb der Reinigung hin und wieder eine Tasse Kaffee trinken möchten, dann achten Sie unbedingt auf eine reichliche Flüssigkeitszufuhr mit den im Kapitel "Hydrieren!" (ab Seite 23) aufgeführten Getränken, um das Blut wieder zu verflüssigen. Dasselbe gilt für alle anderen dehydrierenden Getränke sowie für Knochenbrühe.

Achtung: In gewissen Detox-Kuren sind Einläufe mit Kaffee sehr populär. Kaffee-Einläufe drängen die Leber zum Freisetzen von Toxinen, die sie aus gutem Grund festhält. Das führt zu einer extremen Adrenalinausschüttung, was Leber und Nieren enorm belastet. Lassen Sie lieber die Finger davon.

Detox-Tag

Dieser Tag schenkt Ihrer Leber eine kleine Auszeit und Ihnen ein Gefühl von Leichtigkeit. Einzelne Entgiftungstage lassen sich problemlos in den Alltag integrieren und kosten weniger Überwindung als eine längere Kur. Regelmässig durchgeführt, aktivieren sie den Stoffwechsel und stärken die Abwehr.

Sie müssen zunächst die Fett- und Proteinmenge, die Sie zu sich nehmen, reduzieren. Bis zum Abendessen nehmen Sie überhaupt kein Fett oder tierisches Eiweiss zu sich, damit die Leber eine Verschnaufpause von der endlosen Gallenproduktion bekommt und ihre Kräfte für die Entgiftung einsetzen kann. Auch kann sie - wenn kein Fett im Blut schwimmt - auf die reichliche Glukose zugreifen, die Sie ihr in dieser Zeit in Form von Obst und glutenfreier Stärke wie Kartoffel, Kochbanane, Kürbis, Pastinake, Süsskartoffel, Topinambur und Yams zuführen. Kraftspendende Glukose und Stärke geben der Leber die nötige Energie für das Detox.

Sofern Sie nicht an einer Autoimmunkrankheit leiden, dürfen Sie auch andere glutenfreie Stärke wie Amaranth, Buchweizen, Hafer, Hirse, Reis / Reisnudeln, Quinoa sowie Hülsenfrüchte einplanen. Rezept-Vorschläge finden Sie im Rezeptteil ab Seite 62.

Vermeiden Sie das Wassertrinken unmittelbar vor oder nach einer Hauptmahlzeit, denn das hat einen negativen Einfluss auf die Verdauung. Trinken Sie aber zwischendurch immer wieder ein Glas Zitronen- oder Limettenwasser und - wenn Sie mögen - zusätzlich die im Kapitel "Hydrieren!" (ab Seite 23) aufgeführten Getränke. Lassen Sie besser Kaffee und andere dehydrierende Flüssigkeiten weg.

Morgendliche Reinigung
- *optional*: Zungenschaben
- 5 dl Zitronen- oder Limettenwasser
- *optional*: 5 dl Stangensellerie- oder Gurkensaft (nach 15 - 30 Minuten)

Vormittag
- Detox-Smoothie auf Seite 13 (nach 15 - 30 Minuten)
- 1 - 2 Äpfel mit ein paar Datteln oder 1 - 2 Portionen Apfelmus
- Nach Bedarf zweites Frühstück und/oder Vormittagssnack (ab Seite 16, ohne Mandelmilch und Samen)

Mittagessen

- Vorspeise: Salatvariation oder grüner Smoothie (S. 17) oder kalte Suppe
- Hauptgang: Gemüseteller mit Stärke oder warme Suppe mit Stärke

Nachmittag

- 1 - 2 Äpfel mit ein paar Datteln oder 1 - 2 Portionen Apfelmus

Anstelle der Datteln ist dunkles Trockenobst geeignet (siehe Seite 16).

Gönnen Sie sich ruhig noch mehr Rohkost, wenn Sie Hunger kriegen. Gut geeignet sind die heilsamen Früchte auf Seite 27 oder Brokkoli, Cherrytomaten, Chicorée, Fenchel, grüner Spargel, Karotte, Kohlrabi, Peperoni, Radieschen, Salatgurke, Stangensellerie, Zucchino und Sprossen.

Hinweis: Bananen und Tomaten vertragen sich nicht und sollten deshalb nicht zusammen eingenommen werden.

Abendessen

Diese Hauptmahlzeit sollte grundsätzlich identisch zum Mittagessen sein. Wenn Sie wünschen, können Sie jetzt wenig Fett oder tierisches Protein einbauen.

Beschränken Sie sich dabei auf die guten Fettquellen wie:
- Avocado, Oliven, Kokosfleisch und Kokosmilch
- Öle: Olivenöl extra vergine, Kokosöl
- Nüsse: Cashews, Haselnüsse, Macadamia, Mandeln, Paranüsse, Pistazien, Pekannüsse, Walnüsse
- Kerne und Samen: Kürbiskerne, Chiasamen, Hanfsamen, Sesamsamen.

Geben Sie folgenden Tierprodukten den Vorzug:
- Rindfleisch, Hühner- und Putenfleisch, Wild
- Alles aus Wildfang: Forelle, Sardine, Lachs (z.B. MSC).

Hinweis: Raubfische (Hai, Schwert- und Thunfisch), Heilbutt sowie Hecht können eine hohe Quecksilberbelastung haben. Daher sollten Sie diese während der Entgiftung meiden.

1 Stunde vor dem Zubettgehen

- 1 Tasse Hibiskus- oder Zitronenmelissen-Tee

Detox-Wochenende

Manchmal ist ein einziger Tag zu wenig. Gönnen Sie sich doch einmal ein Detox-Wochenende. Es ist besonders für Menschen geeignet, die abnehmen beziehungsweise entwässern wollen, die erschöpft oder sehr angespannt sind und häufig unter Verstopfung leiden. Diese beiden Tage gehören auch zur Vorbereitung (Seite 6) der Tiefenreinigung.

Sie können die entgiftende Wirkung unterstützen, wenn Sie es ruhig angehen lassen und sich allem widmen, was Sie "nährt": liebe Menschen, schöne Literatur, gute Filme, Spaziergang in der Natur, gemütliche Fahrradtour oder Wanderung, Yoga, Meditation, entspannende Massage u.a.

Es ist von Vorteil, wenn Sie gewisse Lebensmittel auf Vorrat einkaufen und Gerichte vorbereiten, die Sie dann in den Kühlschrank stellen oder portionenweise tiefkühlen.

Gehen Sie auch früh zu Bett, und stehen Sie früh wieder auf, so können Sie den Tag in vollen Zügen geniessen.

➢Folgen Sie beide Tage dem Detox-Tag (Seiten 37 & 38).

➢Trinken Sie beide Tage morgens 15 - 30 Minuten nach dem Zitronen- oder Limettenwasser 5 dl Stangensellerie- oder Gurkensaft.

➢Am 1. Abend trinken Sie 1 Stunde vor dem Zubettgehen und kurz vor dem Hibiskus- oder Zitronenmelissen-Tee nochmals 5 dl Zitronen- oder Limettenwasser.

Hinweis:

Die Kombination von Wasser und Tee nährt, befeuchtet und spült die Leber und die Nieren durch. Es ist sehr wahrscheinlich, dass Sie in der Nacht auf die Toilette gehen müssen; vielleicht sogar mehrmals. Jedes Mal, wenn Sie aufstehen müssen, können Sie sich trösten, indem Sie sich bewusst machen, dass der Körper viel loswird, das ihm nicht guttut.

Detox-Woche: Die Tiefenreinigung

Wenn Sie eine besonders nachhaltige Entgiftung erreichen möchten, empfiehlt sich die Tiefenreinigung. Sie kann auch hilfreich sein als Startschuss für eine dauerhafte Ernährungsumstellung. Eine Tiefenreinigung sollte 7 Tage dauern, damit der Körper genügend Zeit hat für die zentralen Phasen der Entgiftung (Seite 6).

Ich empfehle Ihnen die Detox-Woche im Frühling in Angriff zu nehmen. Traditionell ist diese Saison die Zeit des Entgiftens, Entschlackens und des Neuanfangs. Dann ist auch die Vielfalt an Leber-reinigenden Gemüsesorten, Kräutern und Wildpflanzen am grössten. Beginnen Sie an einem Sonntag oder Montag, damit Sie am letzten, "flüssigen" Tag der Kur einen freien Tag haben. Oder noch besser: Legen Sie die ausführliche, einwöchige Detox-Kur in die Ferien.

Während der 7-tägigen Kur sollten Sie nicht hungern, denn die Leber braucht in dieser Zeit viel Energie. Wenn Ihnen die Portionen zu klein sind, dann erhöhen Sie einfach die Menge. Sie sollten nach dem Essen satt sein.

Hinweise:

- Während der Schwangerschaft und der Stillzeit sollte man auf eine Tiefenreinigung verzichten, da die freigewordenen Schadstoffe auf das Baby übergehen können.

- Eine Entgiftungskur sollte nicht in stressigen Zeiten durchgeführt werden, da sie anfänglich für den Körper belastend sein kann. Auch bei Grippe, Erkältung oder allgemeinen viralen Erkrankungen sollten keine Reinigungskuren durchgeführt werden.

- Auch wenn man darauf vorbereitet ist, kann es zu Nebenwirkungen kommen wie: Kopfschmerzen, Energielosigkeit, Hautunreinheiten, Stimmungsschwankungen, Schlafstörungen und mehr. Dies ist durchaus normal und geschieht deshalb, weil der Körper mit Hochdruck an der Reinigung arbeitet und/oder einen Kaffee-Entzug durchmacht. Unterstützen Sie ihn mit genügend Schlaf, Ruhe und leichter Bewegung.

Wochenplanung

Auf den folgenden Seiten finden Sie eine Übersicht über den Ablauf der einzelnen Tage der Detox-Woche. Die Rezepte dazu finden Sie ab S. 62.

Tag 1

➢ Folgen Sie dem Detox-Tag (Seiten 37 & 38).

➢ Trinken Sie 1 Stunde vor dem Zubettgehen und kurz vor dem Hibiskus- oder Zitronenmelissen-Tee 5 dl Zitronen- oder Limettenwasser.

Ab dem zweiten Tag ist Ihre Ernährung komplett frei von Fett und Tierproteinen, denn eine gründliche Reinigung fällt der Leber sehr schwer, wenn Sie sich fettreich (und somit auch proteinreich) ernähren.

Lassen Sie während der ganzen Kur unbedingt Kaffee und andere dehydrierende Flüssigkeiten weg. Trinken Sie zwischendurch immer wieder ein Glas Zitronen- oder Limettenwasser und - wenn Sie mögen - zusätzlich die im Kapitel "Hydrieren!" (ab Seite 23) aufgeführten Getränke.

Bauen Sie zu Lasten der Stärke mehr Grünzeug, Rohkost und stärkearmes, dunkelgrünes Gemüse in Ihre Hauptmahlzeiten ein. Diese Naturprodukte versorgen Ihren Körper mit den besten Nährstoffen für eine Reinigung. Die besten gekochten Gemüsesorten sind:

- *Artischocken*: Sie enthalten sekundäre Pflanzenstoffe, die dem Wachstum von Zysten in der Leber entgegenwirken können. Auch stärken sie die Leber in ihrem Kampf gegen schädliche Substanzen.

- *Grüner Spargel*: Er wirkt dank seinen stark entzündungshemmenden Antioxidantien, den Flavonoiden, beruhigend auf eine überlastete Leber. Er stärkt das Immunsystem und kann sogar Fettzellen auflösen.

- *Rosenkohl*: Enthält eine Vielzahl an Pflanzenstoffen und Schwefelverbindungen, welche die in der Leber angesammelten Giftstoffe lösen, neutralisieren und über die Nieren und den Darm zur Ausscheidung bringen.

Essen Sie zu den Hauptmahlzeiten jeweils eine oder zwei dieser Gemüsesorten. Garen Sie sie in Wasser oder im Dampf, und würzen Sie sie - wenn überhaupt - nur sparsam. Sie können auch Tiefkühlware verwenden. Wenn Sie die oben genannten Sorten nicht bekommen, verwenden Sie stattdessen gedämpfte gelbe / grüne Zucchini und Brokkoli.

Morgendliche Reinigung
- *optional*: Zungenschaben
- 5 dl Zitronen- oder Limettenwasser
- 5 dl Stangensellerie-Saft (nach 15 - 30 Minuten)

Vormittag
- Detox-Smoothie auf Seite 13 (nach 15 - 30 Minuten)
- *optional*: 1 - 2 Äpfel oder Birnen (ganz oder gerieben)

Mittagessen
- Vorspeise: Detox-Salat
- Hauptgang: Artischocke, grüner Spargel und/oder Rosenkohl

Nachmittag
- 1 - 2 Äpfel mit ein paar Datteln (oder 1 - 2 Portionen Apfelmus) und ein
  paar Gurkensticks

Anstelle der Datteln ist dunkles Trockenobst geeignet (siehe Seite 16).

Gönnen Sie sich ruhig noch mehr Rohkost, wenn Sie Hunger kriegen. Gut
geeignet sird die heilsamen Früchte auf Seite 27 oder Brokkoli, Cherrytomaten, Chicorée, Fenchel, grüner Spargel, Karotte, Kohlrabi, Peperoni,
Radieschen, Salatgurke, Stangensellerie, Zucchino und Sprossen.

Abendessen
- Vorspeise: Detox-Salat
- Hauptgang: Artischocke, grüner Spargel und/oder Rosenkohl

Nach dem Abendessen bei Hunger
- 1 Apfel (oder 1 Portion Apfelmus) oder 1 Birne

1 Stunde vor dem Zubettgehen
- 5 dl Zitronen- oder Limettenwasser
- 1 Tasse Hibiskus- oder Zitronenmelissen-Tee

Nun werden die mobilisierten Schadstoffe wie Pestizide, Herbizide und Kunststoffe, ranzige Fettrückstände, Pathogene wie Viren und Bakterien sowie andere Ablagerungen langsam ausgeschwemmt. Daher steigern wir die Trinkmenge und den grünen Rohkost-Anteil. Am Mittag kommt neu die kalte Tomaten-Spinat-Suppe mit Gurkensticks auf den Tisch.

Falls Sie am 5. Tag grossen Hunger verspüren, Ihnen die Energie fehlt oder die Entgiftung für Sie zu stark ist, bauen Sie im Abendessen etwas gedämpfte glutenfreie Stärke ein.

Wenn Sie die Saftpresse nicht mehrmals anwerfen möchten, bereiten Sie alle Portionen Selleriesaft am Morgen zu, und stellen Sie die Nachmittagsration gut verschlossen in den Kühlschrank.

Morgendliche Reinigung siehe Tag 2 bis 4

Vormittag siehe Tag 2 bis 4

Mittagessen
- Kalte Tomaten-Spinat-Suppe mit Gurkensticks

Nachmittag
- 5 dl Stangensellerie-Saft
- Nach 15 - 30 Minuten: 1 - 2 Äpfel (ganz oder gerieben) mit ein paar Gurkensticks

Abendessen
- Vorspeise: Detox-Salat
- Hauptgang: Artischocke, grüner Spargel und/oder Rosenkohl
- *optional Tag 5*: Kartoffel, Kochbanane, Kürbis, Pastinake, Süsskartoffel, Topinambur, Yams

Nach dem Abendessen bei Hunger
- 1 Apfel oder 1 Birne (ganz oder gerieben)

1 Stunde vor dem Zubettgehen siehe Tag 2 bis 4

Tag 7

Am letzten Tag gibt es nur Flüssiges, damit die Schadstoffe vollständig ausgeleitet werden können. Trinken Sie zwischendurch immer wieder ein Glas Zitronen- oder Limettenwasser.

Die Kombination von Säften und Mixgetränken stabilisiert Ihren Zucker-haushalt und versorgt Ihre Leber und Nieren sowie Ihren Darm mit allem, was diese für ihre Ausleitungsarbeit brauchen.

Sehen Sie zu, dass dieser Tag ruhig verläuft. Planen Sie ihn im Voraus, so dass er auf einen freien Tag fällt, und verschieben Sie alles, was nicht unbedingt erledigt werden muss.

Morgendliche Reinigung
- *optional*: Zungenschaben
- 5 dl Zitronen- oder Limettenwasser
- 5 dl Stangensellerie-Saft (nach 15 - 30 Minuten)

Im Laufe des Tages
- 5 dl Gurkensaft
- 5 dl Apfelsaft (Bio-Äpfel aus der Region samt Schale entsaften)
- So viel und so oft wie gewünscht: kalte Melonen- oder Papayasuppe (ohne Salz und Pfeffer), Wassermelonen-Cooler (Seite 24) oder frisch gepresster Grapefruit-, Mandarinen-, Orangen- oder Granatapfelsaft

Am frühen Abend
- 5 dl Stangensellerie-Saft

1 Stunde vor dem Zubettgehen
- 5 dl Zitronen- oder Limettenwasser
- 1 Tasse Hibiskus- oder Zitronenmelissen-Tee

Hinweis:

Falls Sie Apfelsaft nicht gut vertragen, verdünnen Sie ihn mit Gurkensaft, oder entsaften Sie Birnen als Alternative zu Äpfeln.

Der Übergang und wie weiter?

Herzlichen Glückwunsch, Sie haben es geschafft!

Nach der Tiefenreinigung werden Sie sich gestärkt fühlen, so dass Sie ganz normal wieder in Ihren Alltag einsteigen können. Allerdings sollte das Fastenbrechen langsam erfolgen. Ihre Organe könnten sonst empfindlich reagieren, wenn Sie sich plötzlich wieder Pizza und Schokokuchen mit Sahne einverleiben.

Es ist wichtig, dass Sie nicht gleich wieder zu Ihren alten Ernährungsgewohnheiten zurückkehren (denn die haben Ihnen ja die Probleme beschert), sondern gewisse Elemente der Detox-Kur beibehalten. Wenn es sich einrichten lässt, sorgen Sie also noch ein bisschen weiter für Ihre Leber, indem Sie zum Beispiel die morgendliche Reinigung, den Detox-Vormittag und den abendlichen Tee beibehalten und tagsüber für viel Flüssigkeit sorgen. Auch viel Rohkost sollten Sie weiterhin auf Ihrem Speiseplan behalten. Wenn sich auch noch mindestens ein Apfel unterbringen lässt (ganz nach dem Motto: "an apple a day keeps the doctor away"), dann umso besser. Fangen Sie auch nur langsam mit kleinen Portionen Fett oder Tierprodukten an.

Gewisse Menschen fühlen sich so grossartig, dass sie gleich wieder starten oder ein Saftfasten (siehe Vorschläge Seite 62) oder Smoothiefasten (Seite 17) anhängen. Ein Fortführen ist besonders empfehlenswert, wenn man mit chronischen Gesundheitsstörungen zu kämpfen hat. Die vererbten Belastungen und die angesammelten Mülldepots von vielen "ungesunden" Jahren oder Jahrzehnten lassen sich eben nicht in ein paar Tagen oder Wochen entsorgen. Dazu kommen täglich neue belastende Stoffe, unverwertbare Nahrungsreste und Millionen abgestorbener Zellen, die sich ebenfalls im Körper ansammeln.

Allerdings sollten Sie es mit der Reinigung auch nicht übertreiben. Der Kontakt mit vielen alltäglichen Schadstoffen ist auch ein gewisser "Kick" für das Immunsystem, das ohne Herausforderungen an Wirksamkeit einbüsst. Hören Sie am besten immer auf die Rückmeldung Ihres Körpers. Der weiss am besten, was gut für Sie ist.

Sofern Sie immer noch unter chronischen Beschwerden oder Autoimmunkrankheiten leiden, sollten Sie auf jeden Fall die 4 grössten "Bösewichte" (Eier, tierische Milch / Milchprodukte, Weizen und Zucker) weiterhin meiden.

Nahrungsergänzungsmittel – ja oder nein?

Sämtliche Stoffwechselprozesse in unserem Körper können nur reibungslos funktionieren, wenn der Organismus optimal mit Vitaminen, Mineralstoffen und anderen Mikronährstoffen versorgt ist. Der deutsche Arzt Dr. Max Otto Bruker (1909 - 2001), Verfechter der Vollwerternährung, brachte es auf den Punkt: Ein langjähriger Vitalstoffmangel ist einer der Hauptgründe für ernährungsbedingte Zivilisationskrankheiten, die in der Bevölkerung keine Seltenheit sind.

Durch unsere "normale" Ernährung lässt sich heutzutage ein guter Vitalstoffstatus nicht immer gewährleisten, da viele Lebensmittel lange Transportwege hinter sich haben, Früchte unreif geerntet werden (also noch bevor die Vitaminsynthese abgeschlossen ist), unsere Böden zunehmend ausgelaugt sind, und bei der Verarbeitung wertvolle Vitalstoffe verloren gehen (zum Beipiel Ausmahlung von Getreide zu Mehl und Erhitzen gewisser Lebensmittel).

Ich habe insbesondere dann gute Erfahrungen mit Ergänzungsprodukten gemacht, wenn sie qualitativ hochstehend sind, als Ergänzung und nicht als Ersatz für eine gesunde Ernährung dienen, und es darum geht, gezielt ein Defizit auszugleichen.

Ich habe jedoch immer wieder eine Pause eingelegt, während der ich kein oder nur ein Präparat eingenommen habe. Beispielsweise empfehle ich während der Tiefenreinigung auf die Einnahme von Nahrungsergänzungen zu verzichten, da diese durch das Weglassen von Speisefetten stärker wirken können.

Daher meine Empfehlung: Hören Sie am besten auch hier auf die Rückmeldung Ihres Körpers, und halten Sie sich an die auf dem Produkt empfohlene Dosierung.

Zink – der ultimative Alleskönner

Die Leber benötigt Zink für sämtliche Aufgaben wie zum Beispiel die Abwehr von Viren, Bakterien und anderen Pathogenen, für die Alkohol- und Schwermetallentgiftung und für die Ausleitung von Kupfer, das sich in der Leber anreichern und ihr schaden kann. Nehmen Sie Zink zwischen den Mahlzeiten oder abends vor dem Schlafengehen auf nüchternen Magen und nicht zusammen mit anderen Nahrungsergänzungsmitteln ein.

Die beste Qualität ist das flüssige Zinksulfat [6]. Wenn der Geschmack zu stark für Sie ist, verringern Sie am Anfang die Dosierung, oder verwenden Sie Zink-Kapseln [6].

Achtung: Nehmen Sie unbedingt reines Zink zu sich. Zinkpräparate werden oft mit Kupfer kombiniert verkauft.

Magnesium – das Antistress-Mineral

Dieses Mineral tut der Leber gut, weil es sie entspannter macht. Der Blutfluss wird verbessert, und die Giftstoffe können sanft ausgeleitet werden.

Ein Magnesiumdefizit kann auch zu einem Vitamin-D-Mangel (dazu später) führen und umgekehrt. Diese zwei Stoffe unterstützen sich nämlich gegenseitig an vielen Stellen im Stoffwechsel.

Ich habe sehr gute Erfahrungen mit Magnesium Glycinat [7] gemacht. Diese Verbindung ist auch für Menschen mit Magen-Darm-Beschwerden gut verträglich. Allenfalls muss man am Anfang tiefer dosieren und die Dosis langsam steigern. Auf jeden Fall sollte man die empfohlene Tagesdosierung über den Tag verteilen, da die Aufnahme mit zunehmender Einzeldosis abnimmt und abführend wirken kann.

Auch sollten Magnesiumsupplemente nicht direkt vor oder während dem Sport eingenommen werden, sondern in der Regenerationsphase.

Omega-3 – für fitte Gefässe

Zu den wichtigsten Omega-3-Fettsäuren zählen die Eicosapentaensäure (EPA), die Docosahexaensäure (DHA) und die Alpha-Linolensäure (ALA). Die essenzielle Omega-3-Fettsäure ALA ist in bestimmten Pflanzenölen und Nüssen sowie Samen enthalten. Der Körper ist in der Lage ALA in EPA und DHA umzuwandeln. Die Ausbeute ist allerdings marginal. Der Bedarf an den Omega-3-Fettsäuren EPA und DHA kann daher durch die Aufnahme von pflanzlicher ALA kaum gedeckt werden.

EPA und DHA sind wichtig, denn sie verhindern, dass sich in den Blutgefässen der Leber Ablagerungen bilden. Dadurch werden die Blutzirkulation zum Herzen sowie das lebereigene Immunsystem verbessert.

Ich empfehle kein Fischöl, weil die Fettsäuren schnell ranzig werden können, manche stark mit Schadstoffen belastet sind, und die Quellen zu versiegen drohen. Stattdessen arbeite ich mit pflanzlichen Produkten aus Algenöl [8], die nachhaltig produziert werden. Dabei achte ich darauf, dass sie sowohl EPA als auch DHA enthalten (was nicht bei allen Produkten gewährleistet ist). Auch bevorzuge ich Algenöl in flüssiger Form. Es ist kostengünstiger und enthält keine Zusatzstoffe, welche fürs Verkapseln benötigt werden. Zudem gewährt es Sicherheit vor eventuell verdorbener Ware, denn man kann das flüssige Öl vor dem Gebrauch auf seinen Geruch testen.

B-Vitamine

Alle B-Vitamine sind wichtig, um den Kohlenhydrat-, Fett- und Eiweiss-Stoffwechsel zu regulieren. Sie sind auch an der Blutbildung beteiligt und wirken als Radikalfänger. Sie können also Körperzellen schützen, indem sie eine möglicherweise schädigende Oxidation von Zellstrukturen verhindern. Die Leber stellt den Organen die benötigten B-Vitamine zur Verfügung, sofern sie selber sauber und gesund ist. Es gibt zwei unentbehrliche B-Vitamine für die Leber, nämlich B12 und B9 (Folsäure). Bei beiden spielt die richtige Qualität eine entscheidende Rolle.

B12: Cobalamin — essenzielle Nervennahrung

Vitamin B12 optimiert die Funktion der Leberzellen, Leberläppchen und Blutgefässe der Leber. Ich rate vom billigen, synthetisch hergestellten Cyanocobalamin ab und empfehle eine Mischung von Adenosylcobalamin und Methylcobalamin [9].

B9: Folsäure, Folat – für gesunde Zellen

Vitamin B9, auch Folsäure oder Folat genannt, bindet sich an Vitamin B12 in der Leber und aktiviert dieses, so dass es für bestimmte Organe verwertbar wird. Gemäss Studien hat die Unterversorgung mit Folat alarmierende Ausmasse angenommen. Dies hat verschiedene Gründe:

- Der Verzehr von zu wenig Pflanzengrün.
- Das Vitamin ist sehr wärme-, licht- und sauerstoffempfindlich (deshalb Grünzeug möglichst roh und erntefrisch und ohne Essig zubereiten).
- Der Körper kann nur geringe Mengen davon aufnehmen.

Grundsätzlich ist die synthetisch hergestellte Folsäure von dem in Lebensmitteln natürlich vorkommenden Folat (lateinisch folium = Blatt, wegen des Vorkommens in grünen Pflanzenblättern) zu unterscheiden. Bei der Folsäure handelt es sich um eine künstliche Verbindung, die als solche in der Natur nicht vorkommt. Personen mit MTHFR-Polymorphismus, also einer Veränderung in jenem Gen, das zum Beispiel für die DNA-Reparatur und die Entgiftung zuständig ist, können Folsäure nicht in Folat umwandeln. Schätzungen zufolge ist diese Variation sehr häufig, es könnte sogar jeden zweiten Menschen betreffen. Daher ist es wichtig, nicht Folsäure-Präparate zuzuführen, sondern die bioaktive Folatform 5-MTHF (5-Methyltetrahydrofolat) oder die andere natürliche Form Metafolin®.

Eine Ergänzung mit einem B9-Präparat sollte sorgfältig dosiert werden. Eine Überversorgung kann eine Vitamin-B12-abhängige Blutarmut verdecken, die unbehandelt zu schweren Nervenschäden und Demenz führen kann. Die Europäische Behörde für Lebensmittelsicherheit (EFSA) empfiehlt daher eine Höchstdosis von 1 mg pro Tag. Auch sollte Vitamin B9 immer zusammen mit Vitamin B12 eingenommen werden.

Ich empfehle einen B-Vitamin-Komplex [10], welcher alle acht B-Vitamine (B1, B2, B3, B5, B6, Biotin, B9, B12) abdeckt. Die gemeinsame Einnahme aller B-Vitamine ist von Vorteil, da sie ihre unzähligen Aufgaben im Körper nur als Team erfüllen können.

Vitamin D – das Sonnenvitamin

Bei vielen Menschen in den gemässigten Breiten tritt ein Vitamin-D-Mangel auf. Die Defizite sind naturgemäss in den Wintermonaten höher als während des Sommers, da wir ca. 90 % unseres Tagesbedarfs durch die Sonne erzeugen. Es gibt keine Möglichkeit, genügend Vitamin D über die Nahrung aufzunehmen, es sei denn, man vertilgt jeden Tag einen sauren Hering mit Lebertran.

Die Leber kann etwas Vitamin D für die Wintermonate speichern. Das eingelagerte Vitamin kann aber mit der Zeit inaktiv werden, wenn das Organ träge, gestaut oder stark mit Giftstoffen belastet ist.

Der Speicher kann reaktiviert werden, wenn man wenig Vitamin D3 als Ergänzung einnimmt. Nehmen Sie aber bei einem diagnostizierten Mangel wirklich nur eine kleine Tagesdosis, da die Einnahme von Megadosen eine kurzfristige Überdosierung verursachen kann. Dies entspricht nicht dem natürlichen Versorgungsmuster und könnte dazu führen, dass das wertvolle, eingelagerte "Sonnenvitamin" ausgeschieden wird, weil die Leber einen Überschuss abstösst.

Ich empfehle während der warmen Jahreszeit regelmässig ein massvolles "Sonnenbad", um die Speicher zu füllen. Wir Europäer können zumindest in den sonnenreichen Monaten Mai bis September genügend Vitamin D über die Haut bilden.

Hier ein paar Tipps dazu:

• Empfohlen wird das Sonnenbaden unter wolkenlosem Himmel bei Sonnenhöchststand (dann ist der UVB-Anteil an der Strahlung am grössten). Je nach Monat ist das um die Mittagszeit.

• Damit man genug Vitamin D tanken kann, sollte man mindestens Arme und Beine ohne Sonnenschutz (dieser reduziert die Vitamin-D-Synthese) dem Sonnenlicht aussetzen.

• Die Dauer hängt von Ihrem Hauttyp ab. Beginnen Sie langsam. Ein Aufenthalt von 15 Minuten an der prallen Sonne reicht i.d.R. aus, um genug Vitamin D zu tanken. Vermeiden Sie unbedingt einen Sonnenbrand.

• Nehmen Sie Magnesium als Kofaktor ein. Das Antistress-Mineral ist wichtig für die enzymatische Aktivierung des Sonnenvitamins.

Strahlung reduzieren

Elektromagnetische Strahlung ist ein weiterer Übeltäter neben den Pestiziden, Fungiziden, giftigen Metallen, Umweltgiften und Krankheit verursachenden Keimen (Viren, Bakterien und Pilzen).

Der menschliche Organismus reagiert empfindlich auf elektromagnetische Felder in der Umgebung. Schliesslich basiert die Reizübertragung im Körper selbst auf elektrischen Impulsen. Der andauernde Einfluss körperfremder Frequenzen versetzt die menschlichen Zellen in einen permanenten Stresszustand. Als Folge davon werden von den Nebennieren rund um die Uhr Stresshormone ausgeschüttet, was langfristig zu Schlafstörungen und einer Erschöpfung des Partnerorgans, der Leber, führen kann, weil diese das überschüssige Adrenalin aufsaugen muss.

Der deutsche Arzt und Detox-Experte Dr. Dietrich Klinghardt stellte auch fest, dass sich Viren, Bakterien und pathogene Pilze unter Einwirkung elektromagnetischer Strahlung stark vermehren. Offensichtlich können diese Keime die Energiezufuhr gewisser Wellenlängen für sich nutzen. Verstärkt wird der Effekt, wenn man mit giftigen Metallen belastet ist, was heute auf viele Menschen zutrifft.

Das Tückische daran ist, dass man die Folgen der EM-Strahlung häufig erst zu spüren bekommt, wenn die Funktionstüchtigkeit des gesamten Organismus nachgelassen hat.

Wir können uns heutzutage der Strahlenbelastung nicht ganz entziehen. Allerdings können wir eine ganze Menge tun, um den negativen Einfluss zu reduzieren, denn die meisten Immissionen sind "hausgemacht".

Besondere Aufmerksamkeit gilt dabei dem Schlafzimmer. Wir verbringen etwa einen Drittel unseres Lebens im Bett. Auf Grund der langen Aufenthaltszeit und der Tatsache, dass sich unsere Zellen vorwiegend in der Nacht reparieren und erneuern, und sich der Körper sowie das Gehirn während dieser Zeit entgiften, kommt der Situation im Schlafzimmer eine besondere Bedeutung zu. Strahlen elektrische Geräte ins Schlafzimmer, weil sie nachts nicht abgeschaltet werden oder ungünstig platziert sind, setzen wir uns entsprechend lange ihren Feldern aus.

Hier die wichtigsten Tipps zur Strahlenreduzierung:

• Schalten Sie das WLAN nachts immer ab (am besten schon 1 - 3 Stunden vor dem Schlafengehen). Unsere Zirbeldrüse im Zwischenhirn braucht bis zu 3 Stunden, um das Schlafhormon Melatonin zu produzieren.

• Räumen Sie alle elektronischen Geräte inkl. Fernseher, Lautsprecher-Boxen und schnurlose Telefone vollständig aus dem Schlafzimmer. Auch Verlängerungskabel und Mehrfachstecker sollten nicht am oder unter dem Bett platziert sein.

• Schnurlose Telefone haben eine permanente und extrem stark gepulste Strahlung (hohe Frequenz), auch wenn nicht telefoniert wird. Neuere DECT-Modelle (Digital Enhanced Cordless Telecommunications) verfügen über eine Applikation, um sie auf ECO Modus umzuprogrammieren. Diese Option sollten Sie unbedingt einstellen, denn die Strahlung ist sehr hoch, auch wenn sich das Funktelefon nicht in der Nähe des Schlafzimmers befindet.

• Da Magnetfelder auch massiv gebaute Wände nahezu ungehindert durchdringen, ist bei der Standortwahl von elektrischen Geräten im Dauerbetrieb auch die Situation in den Nachbarzimmern zu berücksichtigen. Schalten Sie alles aus, was Sie nachts nicht brauchen.

• Netzbetriebene Radiowecker sollten nie in unmittelbarer Nähe des Kopfes stehen. Halten Sie einen Minimalabstand von einem Meter. Noch besser: Benutzen Sie einen batteriebetriebenen Funkwecker, denn der darin enthaltene Funksender strahlt praktisch nicht.

• Abstand ist ohnehin ein effektives Mittel zur Reduktion der Stärke von EM-Feldern. Beispielsweise reduziert die Verdoppelung des Abstandes die elektrische Feldstärke auf ein Viertel.*

• Wenn Sie das Handy als Wecker neben dem Bett nutzen, sollte es auf Flugmodus eingestellt und nicht am Stromnetz zum Aufladen angehängt sein.

* Abstandsquadratgesetz aus dem Strahlenschutz.

- Schlafen Sie nicht auf eingeschalteten Heiz- / Magnetkissen oder Heiz- / Magnetdecken und verzichten Sie auf Wasserbetten.

- Ihr Bett sollte keine Metallumrandung und Ihre Matratze keine Metallanteile haben.

- Falls Sie unter länger andauernden oder häufig wiederkehrenden Nacken- und Rückenschmerzen, Schwindel (aus eigener Erfahrung) oder Autoimmunkrankheiten (Rückmeldung von Kunden) leiden, dann könnte es sich lohnen, den Strom in Ihrem Schlafzimmer (beim Sicherungskasten) zu unterbrechen. Die in Ihren Schlafzimmerwänden eingebauten Stromleitungen erzeugen elektrische Felder, die stärker sind als die Frequenzen unseres Gehirns und anderer Organe. Probieren Sie es einfach mal ein paar Nächte aus, und beobachten Sie, wie Sie sich morgens fühlen. Es könnte eine enorme Verbesserung Ihrer Situation bewirken. Wenn es Sie überzeugt, und Sie diese Massnahme längerfristig beibehalten möchten, würde sich eine Netzfreischaltung lohnen. Sprechen Sie in diesem Fall mit Ihrem Elektriker. In modernen Hotelzimmern können Sie einfach die Schlüsselkarte aus der Halterung nehmen; manchmal müssen Sie den Fernseher noch separat ausstecken.

- Wenn Sie nach all diesen Massnahmen nicht gut schlafen beziehungsweise morgens nicht erholt sind, probieren Sie einmal Ihr Bett umzustellen oder - wenn möglich - in einem anderen Zimmer zu schlafen. Es könnte nämlich sein, dass Sie auf einer Störzone, wie einer Wasserader, liegen, was den Schlaf ebenfalls stark beeinträchtigen kann.

Langsam beginnen –
setzen Sie sich nicht unter Druck

Die hier genannten Empfehlungen werden Sie wahrscheinlich mit grossen Veränderungen konfrontieren. Lassen Sie sich Zeit, und nehmen Sie einen Schritt nach dem anderen. Es ist besser, klein anzufangen und nur gewisse Empfehlungen in Ihrem Alltag umzusetzen, diese dafür konsequent. Ich selber fing mit dem Zungenschaben und dem Zitronenwasser an. Am Wochenende gab's dann Selleriesaft dazu. Da ich schnell merkte, wie gut mir der Selleriesaft tat, baute ich diesen fest in meine Morgenroutine ein und nahm dafür am Wochenende den Detox-Smoothie zum Frühstück. Bald wurde auch der Smoothie zum täglichen Ritual. Abends genoss ich meinen Hibiskus-Tee.

Nach vier Wochen konsequenter Umstellung des Vormittags fühlte ich eine enorme Leichtigkeit. Auch wachte ich regelmässig vor dem Wecker auf und war ausgeschlafen, was ich bis zu diesem Zeitpunkt kaum gekannt hatte.

Als ich dann zu meinem halbjährlichen Termin bei der Dentalhygienikerin erschien, war sie ganz erstaunt, dass ich praktisch keinen Zahnstein und auch kein Zahnfleischbluten während der Behandlung hatte. Und so ist es nun geblieben. Viele Probleme im Mund sind nämlich oft auf die schlechten Keime im Verdauungstrakt zurückzuführen. Der Darm ist - wie der Magen auch - mit dem Mund verbunden. Zu den problematischen Lebensmitteln für die Zahngesundheit zählen Kaffee (entmineralisiert die Zähne) und Milchprodukte (enthalten einen hohen Anteil an Zucker und Fett, was die Zähne belegt und ihnen schadet).

Zitronen und Limetten sowie andere Früchte hingegen töten Bakterien im Mund. Selleriesaft reinigt den Darm von Ammoniakgasen, welche Zähne und Zahnfleisch angreifen und auch Mundgeruch verursachen.

Ich habe während einiger Zeit auch das populäre Ölziehen getestet und dazu folgendes Experiment gemacht: Zwischen zwei Terminen bei meiner Dentalhygienikerin habe ich konsequent jeden Morgen (sogar im Urlaub) nach dem Aufstehen 20 - 30 Minuten lang Kokosöl durch die Zahnzwischenräume gezogen. Nach sechs Monaten, bei der nächsten Kontrolle, hatte ich so viel Zahnstein wie immer. Die Wirksamkeit hat sich somit für mich nicht bestätigt.

Tipps bei Grippe, Erkältung und viraler Erkrankung

Eine gut funktionierende Leber sollte Ihnen einen gewissen Schutz gegen Infektionskrankheiten bieten. Sollte es Sie jedoch trotzdem "erwischen", achten Sie unbedingt auf eine gute Zink- und Vitamin-C-Zufuhr, denn diese beiden Elemente sind für ein schlagkräftiges Immunsystem von zentraler Bedeutung.

Meiden Sie die Leber-Störenfriede. Vor allem schwer verdauliche oder gar entzündungsfördernde Nahrung wie Eier, Milchprodukte, Mehlspeisen, Mais sowie Hühnerfleisch (Geflügel kann Viren enthalten; Stichwort Vogelgrippe) sollten Sie während dieser Zeit unbedingt aus Ihrer Ernährung streichen. Essen Sie beispielsweise Birnen. Diese reinigen den Organismus auf sanfte Art und Weise und hydrieren ihn. Sie sind auch ein Segen für die Leber.

Wenn Sie gar nichts essen mögen, zwingend Sie sich nicht dazu. Appetitlosigkeit ist ein Zeichen, dass der Körper nicht verdauen mag, weil er seine ganze Kraft braucht, um die eingedrungenen Erreger loszuwerden. Gut geeignet ist in diesem Fall die "Heilsame Brühe" (Seite 59).

Bei einer Magen-Darm-Grippe sollten Sie die Morosche Karottensuppe (Seite 61) als "Erste Hilfe" anwenden. Sie ist eines der besten Hausmittel gegen Durchfall. Sie wirkt übrigens nicht nur beim Menschen, sondern soll auch bei Katzen und Hunden ein kleines Wundermittel bei bakteriell bedingtem Durchfall sein.

Trinken Sie viel. Behalten Sie - wenn immer möglich - das Zitronen- oder Limettenwasser und den Stangensellerie-Saft morgens bei. Diese zwei Getränke wirken antiseptisch und unterstützen das Immunsystem. Auch tagsüber sollten Sie immer wieder zu Zitronen-, Limetten- oder Ingwerwasser greifen.

Trinken Sie bei Fieber immer wieder frisch zubereiteten Gurkensaft (Seite 25). Er wirkt kühlend auf die Organe und kann die Temperatur reduzieren.

Kaltwasserauszug aus Thymian

Thymian wirkt wunderbar gegen Viren. Bei viraler Erkrankung lassen Sie zwei Büsche Thymian in 1 - 2 Liter kaltem Wasser über Nacht ziehen und seihen es am Morgen ab. Wenn Sie möchten, fügen Sie etwas Zitronensaft und/oder Honig (oder Ahornsirup) bei.

Kaltwasserauszug aus Wasserhanf

Der Wasserhanf, auch Kunigundenkraut oder Gewöhnlicher Wasserdost genannt, ist eines der stärksten immunanregenden einheimischen Kräuter. Er eignet sich sehr gut gegen Grippe und fiebrige Erkältungen. Am besten wird das bitterschmeckende Kraut als Kaltwasserauszug (10 Stunden zugedeckt ziehen lassen) verwendet. Zwei Tassen pro Tag genügen. Man sollte ihn nicht länger als über einen Zeitraum von zwei Wochen einnehmen.

Neuerdings wird die Anwendung in Frage gestellt, da Spuren von Pyrrolizidinalkaloiden (PA) in der Pflanze gefunden wurden. Diese Alkaloide sind jedoch in so geringen Mengen vorhanden, dass sie bei einer therapeutischen Dosierung keine Rolle spielen sollten. Nach den gleichen Kriterien könnte man genauso gut Bier in Frage stellen.

Wer dennoch Bedenken hat, kann auf den aus Nordamerika stammenden Durchwachsenen Wasserdost ausweichen. Er wird auch Knochenheil genannt, da er von nordamerikanischen Indianern schon in der Frühzeit eingesetzt wurde, um Knochenbrüche zu behandeln. Der Name deutet auch auf die schmerzlindernde Wirkung bei Knochenschmerzen in Folge von Denguefieber ("Knochenbrecherfieber") hin; übrigens auch ein RNA-Virus wie Corona.

Wenn Sie keine kalten Getränke mögen, trinken Sie einen warmen Tee aus folgenden Heilpflanzen:

Holunder

Holunder ist die erste Wahl, wenn eine Grippe durch's Land zieht. Die Blüten wirken schweiss- und harntreibend. Sie entgiften den Körper und stimulieren das Immunsystem. Auch bei Heuschnupfen und Stirnhöhlenentzündung wirkt Holunder ausgezeichnet.

Der schwarz-purpurne Saft der Beeren ist eine Vitaminbombe und ein hervorragendes antivirales Mittel. Er wirkt sehr gut bei Erkältungskrankheiten und Atemwegsinfekten sowie bei laufender oder verstopfter Nase. Holunderbeeren stärken auch das Immunsystem, so dass sie nicht nur im

Erkältungsfall, sondern schon vorbeugend eingesetzt werden können. Manche Naturheilkundler empfehlen sie sogar bei akuten Rheumaschüben, Ohrenentzündung und Gürtelrose (Herpes Zoster, ebenfalls eine virale Infektion).

Am besten trinken Sie die Beeren in Form von frischem Sirup. Ich habe Ihnen auf der folgenden Seite eine Anleitung zur Herstellung aufgeschrieben. Die Zubereitung ist sehr einfach, und auch Kindern schmeckt dieser Sirup gut. Wer Holundersirup kaufen möchte, sollte ganz besonders auf eine gute Qualität des Saftes achten.

Hagebutten oder *Pfefferminze* Verwenden Sie am besten getrocknete Hagebuttenschalen / frische oder getrocknete Minzeblätter.

Frischen Thymian 2 kleine Zweige mit 5 dl kochendem Wasser aufgiessen und 15 Minuten ziehen lassen.

Frischen Ingwer 1 - 2 TL frisch geriebenen Ingwer mit 5 dl kochendem Wasser aufgiessen und 15 Minuten ziehen lassen.

Frischen Ingwer und Kurkuma Je 1 TL frisch geriebene Ingwer- und Kurkumawurzel mit 5 dl kochendem Wasser aufgiessen und 15 Minuten ziehen lassen.

Optional: Zitronensaft und/oder Honig (oder Ahornsirup) zugeben.

Engelwurz

Diese Pflanze ist speziell bei Bronchitis und Husten geeignet, da sie schleimlösend wirkt. Einer ihrer Namen ist denn auch Brustwurz. Der Tee wird kalt angesetzt und kurz aufgekocht. Man kann dem heissen Wasser auch etwas frischen Thymian beifügen. Am besten trinkt man 2 - 3 Tassen pro Tag. Wer einen schwachen Magen hat, sollte etwas von der schleimhaltigen Eibischwurzel zugeben.

Kopfdampfbad mit Meisterwurz

Die geraspelte Wurzel der Meisterwurz wird vor allem bei Bronchitis zur Inhalation verwendet. Geschnittene Wurzeln in eine Schüssel legen und mit kochendem Wasser übergiessen. Sobald es von der Temperatur her möglich ist, den Kopf unter ein darüber liegendes, grosses Handtuch stecken und den aromatischen Dampf einatmen, bis das Wasser kühler wird. Diese Prozedur sollte ungefähr alle 3 Stunden wiederholt werden.

Holunderbeeren-Sirup, ca. 4 dl

Zubereitung: 5 Minuten / Einkochen: 45 - 60 Minuten

100 g getrocknete Holunderbeeren
optional: 1 Zimtstange, 1 Sternanis, ¼ TL Gewürznelken
6,5 dl Wasser
200 g naturreiner Honig

1. Holuncerbeeren (und optionale Zutaten) mit Wasser aufkochen, Hitze reduzieren und offen um die Hälfte einkochen. Etwas abkühlen lassen.

2. Abseihen und dabei mit einer Holzkelle den Saft aus den Beeren pressen. Honig untermischen und - wenn ganz abgekühlt - in ein Einmachglas oder eine Glasflasche giessen und gut verschliessen (kann mehrere Wochen im Kühlschrank aufbewahrt werden).

Tipp: Nehmen Sie 3 x 1 Esslöffel Sirup über den Tag verteilt ein (auch vorbeugend). Sie können ihn auch abgekühltem Tee zugeben.

Achtung: Holunderbeeren dürfen niemals unreif (grün) und roh verzehrt werden. Aber auch gekochte Beeren und Sirup sollten nicht in zu grosser Menge auf einmal eingenommen werden.

Heilsame Brühe

Diese Heilbrühe ist eine kraftvolle, mineralstoffreiche Flüssigkeit, die vom Körper leicht zu verdauen und zu verwerten ist. Sie können sie den ganzen Tag über schluckweise trinken.

Zubereitung: 10 Minuten / Köcheln lassen: mindestens 1 Stunde

6 Karotten oder 1 kleiner Butternut-Kürbis oder 2 Süsskartoffeln

2 Selleriestangen mit wenig Grün

2 Zwiebeln

1 Handvoll glatte Petersilie oder Koriander

6 - 8 Knoblauchzehen

1 daumengrosse, frische Ingwerwurzel

1 daumengrosse, frische Kurkumawurzel

2 Liter Wasser

1. Karotten oder Butternut oder Süsskartoffeln (alles ungeschält) in Stücke schneiden. Sellerie in Stücke und Zwiebeln in Scheiben schneiden. Petersilie oder Koriander, Knoblauch, Ingwer und Kurkuma klein schneiden.
2. Alle Zutaten mit Wasser aufkochen. Hitze reduzieren, Gemüse zugedeckt mindestens 1 Stunde köcheln und dann abseihen.

Tipps:

- Diese Brühe kann problemlos ein paar Tage im Kühlschrank gelagert werden. Wärmen Sie jedoch nur diejenige Portion auf, die Sie gerade essen. Sie lässt sich auch bestens portionenweise tiefkühlen.

- Das gekochte, abgeseihte Gemüse kann für eine andere Suppe verwendet werden: 5 dl Gemüsebouillon (oder Kokosmilch mit etwas Currypulver) aufkochen. Gemüsereste hinzugeben. Suppe pürieren und mit Salz abschmecken.

Morosche Karottensuppe, 1 P. / Tag

Wenn Sie unter akutem Durchfall oder einer Magen-Darm-Grippe leiden, sollten Sie der Moroschen Karottensuppe eine Chance geben. Sie ist ein altes, sehr bewährtes Heilmittel gegen Durchfallerkrankungen und sollte in kurzer Zeit sowohl Erwachsenen und Kindern als auch Katzen und Hunden helfen.

Das Rezept stammt vom österreichischen Kinderarzt Professor Moro aus dem Jahre 1908. Er hat die Suppe kreiert, um die Sterbe- und Komplikationsraten bei Kindern infolge von Durchfallerkrankungen drastisch zu reduzieren. Anscheinend - und das wurde später nachgewiesen - kann diese Suppe das Anheften der Durchfall auslösenden Bakterien an die Darmwand verhindern. Ihre Zubereitung gehörte lange zum Standard auf pädiatrischen Stationen, verlor dann aber durch Antibiotika und Antidiarrhoika an Bedeutung.

Es wird empfohlen, gleich zu Beginn der Durchfallerkrankung mit der Suppe zu beginnen und sie einige Tage lang einzunehmen. Sie wird täglich frisch gekocht und auf nüchternen Magen, in mehreren kleinen Portionen über den Tag verteilt, gegessen. Entscheidend ist, dass die Karotten ausreichend lange gekocht werden, denn nur dann werden die wirksamen Stoffe freigesetzt.

Eine starke Infektion, die sich über mehrere Tage hinzieht und den Körper austrocknet und/oder blutigen Durchfall verursacht, sollte aber unbedingt medizinisch abgeklärt werden.

Zubereitung: 10 Minuten / Köcheln lassen: mindestens 1 ½ Stunden

500 g Karotten, 1 Liter Wasser, 3 g Salz

1. Enden entfernen und Karotten in kleine Stücke schneiden (schälen ist nicht nötig). Wasser angiessen und aufkochen. Hitze reduzieren und Karotten auf kleiner Stufe zugedeckt mindestens 1 ½ Stunden köcheln.
2. Abgiessen, aber Gemüsewasser auffangen. Karotten ganz fein pürieren. Wenig Gemüsewasser angiessen, so dass eine sämige Konsistenz entsteht, dann würzen.

Rezeptteil

Säfte

Frisch gepresste Säfte entlasten das Verdauungssystem, weil alle Mikronährstoffe wie Vitamine, Mineralien und sekundäre Pflanzenstoffe bereits aus den Pflanzen extrahiert sind. Sie reinigen den gesamten Organismus, regen das Immunsystem an und hemmen Entzündungsprozesse.

Eine Saftkur dient zur Reinigung, Sanierung und Stärkung der Verdauungsfunktion. Sie ist daher besonders für Menschen geeignet, die einen überlasteten und geschwächten Verdauungstrakt haben und Ballaststoffe nur mit Mühe verarbeiten können. Sie hilft auch Menschen, die an entzündlichen Gelenkerkrankungen und unter hohem Blutdruck leiden.

Säfte werden im Entsafter (nicht im Mixer) zubereitet. Es empfiehlt sich, immer etwas Stangensellerie und/oder Salatgurke mitzuverwenden. Diese zwei Gemüsesorten enthalten wichtige intrazelluläre Elektrolyten und Antioxidantien. Ingwer ist für die Verdauung ein wahres Wundermittel. Knoblauch darf nicht fehlen, wenn man Erkältungskrankheiten vorbeugen möchte. Eine ihm zugeschriebene Eigenschaft soll seine antibakterielle, Immunsystem-unterstützende Wirkung sein. Beispiele:

➢ Stangensellerie, Apfel, Grünkohl, Ingwer, Zitronensaft

➢ Stangensellerie, Apfel, Grünkohl, Knoblauch, Salatgurke

➢ Stangensellerie, Apfel, Ingwer, Petersilie, Salatgurke

➢ Stangensellerie, Brunnenkresse, Ingwer, Karotte, Zitronensaft

➢ Stangensellerie, Grün von Karotte, Ingwer, Rote Bete

➢ Stangensellerie, Ingwer, Karotte, Löwenzahn, Petersilie

➢ Stangensellerie, Ingwer, Petersilie, Romanasalat, Salatgurke

➢ Stangensellerie, Knoblauch, Rote Bete, Salatgurke, Spinat

➢ Stangensellerie, Salatgurke, Trauben, Zitronensaft

➢ Salatgurke, Grün von Rote Bete, Heidelbeeren, Zitronensaft

➢ Salatgurke, Granapfel, Petersilie oder Brennnessel

Apfelmus, 1 Portion

Äpfel enthalten grosse Mengen eines wasserlöslichen Ballaststoffes, Pektin, der im Darm aufquillt und "Bösewichte" bindet. Die Fruchtsäure unterstützt auch die Reinigung der Leber und ist ein gutes Mittel gegen Gallensteine. Datteln hingegen wirken schleimlösend und versorgen die Leber mit guter Glukose.

1 - 2 rote Äpfel
2 - 4 Medjool Datteln, ohne Kern (oder doppelte Menge kleine Datteln)
½ - 1 Zitrone, nur Saft
optional: ¼ TL Zimtpulver

Zubereitung (10 Minuten): Äpfel und Datteln mit Zitronensaft im Mixer und/oder mit Stabmixer fein pürieren. Optional Zimt hinzufügen.

Variation: Falls Sie rohes Apfelmus nicht gut vertragen, bereiten Sie gekochtes zu: Äpfel würfeln und mit Datteln, einer Zimtstange und wenig Wasser aufkochen. Hitze reduzieren und zugedeckt weich köcheln. Eventuell zusätzliches Wasser beifügen. Zimtstange entfernen. Den Rest durch das Passe-Vite drehen / die Kartoffelpresse drücken oder mit dem Kartoffelstampfer zerdrücken. Wenn das Mus etwas abgekühlt ist, den Zitronensaft dazugeben.

Tipp: Am besten das Mus gleich essen. Sonst in ein Gefäss abfüllen und gut verschliessen.

Salatvariationen

Frisch, knackig und vitaminreich - das sind die Eigenschaften eines gesunden Salates. Würzen Sie diesen mit einem fettfreien Dressing wie auf Seite 66 beschrieben.

Leichte Blätter

Batavia, Brunnenkresse, Chicorée, Chinakohl, Eichblatt, Eisbergsalat, Endivie, Feldsalat (Nüsslisalat), Grünkohl, Jungspinat, Kopfsalat, Romanasalat (Lattich), Lollo, Portulak, Radicchio (Cicorino), Rucola, Zuckerhut

Rohes Gemüse

Blumenkohl, Fenchel, grüner Spargel, Karotte, Knoblauch, Knollensellerie, Kohlrabi, Mangold und Schnittmangold, Pak Choi, Peperoni, Radieschen, Rettich, Rote Bete, Rosenkohl, Rot- und Weisskohl, Salatgurke, Stangensellerie, Tomate, Wirsing, Zucchino, Zwiebel, Schalotte und Frühlingszwiebel

Kräuter Basilikum, Koriander, gekrauste Petersilie, Pfefferminze, Schnittlauch (Blätter und Blüten), Zitronenmelisse

Wildpflanzen Bärlauch (Blätter und Blüten), Brennnessel, Löwenzahn (Blätter und B üten)

Sprossen Alfalfa, Bockshornklee, Brokkoli, Grünkohl, Koriander, Radieschen

Blüten Gänseblümchen, Kapuzinerkresse, Lavendel, essbare Rosen, Stiefmütterchen

Sie können eine grössere Portion Salat rüsten und den Rest als "Schicht-salat im Glas" in grosse Weck-, Einmach- oder leere 1-Liter Kokosöl-Gläser geben. Der Schichtsalat kann bis zu 3 Tagen im Kühlschrank auf-bewahrt werden. So erhalten Sie eine griffbereite Vorspeise, die Sie gut mitnehmen und direkt aus dem Glas essen können.

Entscheidend für das Gelingen ist die Reihenfolge der übereinander-geschichteten Zutaten. Die unterste Schicht besteht aus hartem, knacki-gem oder gekochtem Gemüse, und zuoberst kommen die leichten Blätter.

Vorschläge für fettfreie Dressings finden Sie auf der folgenden Seite.

Tipps:

- Falls Sie Früchte zugeben möchten, sollten Sie nur rohes Gemüse für Ihren Salat verwenden und das Obst erst am Tag des Verzehrs hinzu-fügen.

- Achten Sie darauf, dass die Salatblätter ganz trocken sind, so bleiben sie länger frisch.

- Wenn Sie Salate nicht mögen oder vertragen, oder sie Ihnen ohne Öl nicht schmecken, dann mixen Sie die oben genannten Zutaten zu einem Smoothie. Viele Menschen haben heutzutage zu wenig Magen-säure, um harte Bestandteile, wie Zellulose von rohen Pflanzen, aufzu-schliessen. Sie reagieren nach dem Verzehr von Rohkost mit Blähun-gen und aufgetriebenem Bauch. Dieses Problem lässt sich gut in den Griff bekommen, wenn man die rohen Pflanzen fein püriert.

Detox-Salat

Dieser Salat ist voller Heilkraft, denn er besteht hauptsächlich aus Pflanzengrün und vielen Bitterstoffen. Letztere sind bekannt dafür, sämtliche Verdauungsdrüsen wie Leber, Galle und Bauchspeicheldrüse zu aktivieren und so für eine gute Verdauung zu sorgen. Bereits in der Antike war bekannt, dass Gesundheit mit einer guten Verdauung beginnt. Deshalb wurden damals heimische Bitterkräuter zur allgemeinen Stoffwechselaktivierung und gegen innere Leiden verordnet. Eine alte Volksweisheit besagt denn auch: "Was bitter im Mund, ist dem Magen gesund."

Sie können den Salat nach Belieben mit zusätzlichen rohen Gemüsesorten (Seite 64) ergänzen. Auch lassen sich die Zutaten zu einem Smoothie verarbeiten oder portionenweise als "Schichtsalat im Glas" abfüllen.

4 Handvoll Grünzeug / Bitterstoffe pro Person

- Feldsalat (Nüsslisalat), Grünkohl, Jungspinat, Kopfsalat und dunkelgrüne Blattsalate, Portulak, Rucola
- Chicorée, Radicchio
- grüner Peperoni, grüner Spargel, Salatgurke, Stangensellerie
- Bärlauch, Basilikum, Brennnessel, Koriander, Löwenzahn, Petersilie, Schnittlauch
- Brunnen- und Gartenkresse, Sprossen

Fettfreie Dressings

- *Frischer Zitronen-, Limetten-* oder *Orangensaft* mit getrockneten Algen mischen.

- *Zitronen-Honig-Dressing* (passt gut zu bitteren Salaten): 1 rote Zwiebel und 1 Knoblauchzehe klein würfeln. Mit Zitronensaft, 1 TL Honig (oder Ahornsirup) und getrockneten Algen vermengen.

- *Orangen-* oder *Limetten-Vinaigrette*: Frischer Saft von 1 - 2 Orangen oder Limetten mit 1 - 2 gehackten Knoblauchzehen, 1 TL Honig, gehacktem Korianderkraut, getrockneten Algen und optional wenig Wasser und Cayennepfeffer mischen.

Blumenkohlreis-Salat, 2 Personen

Der Salat aus Blumenkohl ist eine ideale Vorspeise, da er - im Gegensatz zu Reissalat - nicht so stark sättigt. Er eignet sich auch für Menschen, die an Autoimmunkrankheiten leiden und während dieser Kur deshalb u.a. auf Reis verzichten sollten.

Zubereitung: 15 Minuten

1 kleiner Blumenkohl

1 Fenchel

1 - 2 Karotten

1 Zwiebel, rot oder gelb

3 - 4 Radieschen mit Grün

1 Salatgurke

ein paar Salatblätter

ein paar Löwenzahnblätter (oder wenig Rucola)

Zitronensaft

Salz und Pfeffer aus Mühle

1. Rohen Blumenkohl rüsten und in Küchenmaschine ganz klein hacken.
2. Fenchel längs vierteln, Strunk entfernen und Fenchel in ganz dünne Scheiben schneiden. Karotten fein reiben. Zwiebel und Radieschen-knollen längs vierteln und beide in dünne Scheiben schneiden. Ungeschälte Gurke längs vierteln und ebenfalls in dünne Scheiben schneiden.
3. Salatblätter zerzupfen. Löwenzahn (oder Rucola) und Radieschen-grün klein schneiden. Alle Zutaten mit dem Zitronensaft dazugeben und vermengen, dann würzen.

Variation: Die Zutaten zum Blumenkohlreis können nach Belieben - und der Saison angepasst - abgeändert werden.

Blumenkohl-Taboulé, 2 Personen

Taboulé ist ein Salat mit Bulgur oder Couscous aus der arabischen Küche. Er wird als erfrischende Vorspeise oder als Beilage serviert, bisweilen wird er auch als Hauptspeise angeboten. Bulgur und Couscous enthalten Gluten. Sie können aber ganz gut durch rohen Blumenkohl ersetzt werden.

Zubereitung: 15 Minuten

1 Blumenkohl

½ Salatgurke

8 Cherrytomaten

1 EL gekrauste Petersilie oder ein paar Pfefferminzblätter

1 EL Basilikumblätter

1 Knoblauchzehe

¼ frische Chilischote (Peperoncino)

1 Zitrone oder Limette

Salz und Pfeffer aus Mühle

1. Roher Blumenkohl rüsten und in Küchenmaschine ganz klein hacken.
2. Ungeschälte Gurke längs vierteln und in dünne Scheiben schneiden. Tomaten achteln und alles dem Blumenkohlreis zugeben.
3. Petersilie oder Minze und Basilikum klein schneiden und mit gepresstem Knoblauch untermischen. Chili längs halbieren und kurz mit kaltem Wasser abspülen (nimmt ihm die ärgste Schärfe), klein schneiden und untermischen.
4. Zitronen- oder Limettenschalen abreiben (nur gelber Teil) und mit deren Saft dazugeben, dann würzen.

Variation: 1 - 2 Bundzwiebeln mit Grün in Ringe schneiden und beifügen.

Kalte Suppen

Tomaten, Peperoni, Gurke, Knoblauch und Zwiebeln sind die sommerlichen Hauptzutaten für eine typische Gazpacho. Die kalte spanische Suppe ist sehr leicht, erfrischend und, da die Zutaten nicht gekocht werden, sehr vitaminreich. Auch die Zubereitung ist einfach: Alle Zutaten werden unter Zugabe von etwas Wasser püriert oder im Mixer fein zerkleinert. Anschliessend wird die Suppe gewürzt und zugedeckt mindestens eine Stunde in den Kühlschrank gestellt.

Gazpachos sind ideal zum Mitnehmen. Bereiten Sie eine grössere Portion zu, und füllen Sie sie in verschliessbare Trink- oder Smoothieflaschen. Im Kühlschrank hält sich die kalte Suppe 2 - 3 Tage.

Wenn Sie sie am Abend des Detox-Tags als Vorspeise einnehmen, dürfen Sie nach dem Anrichten wenig Olivenöl oder ein paar Avocado-Würfel in den Suppenteller geben.

Gazpacho Gelb, 4 Personen

Zubereitung: 10 Minuten

1 kg gelbe Cherrytomaten
1 gelbe Peperoni
1 Salatgurke
1 Schalotte
1 Knoblauchzehe
8 Basilikumblätter
optional: ein paar zarte Brennnesselblätter
optional: wenig kaltes Wasser
Salz und Pfeffer aus Mühle

1. Tomaten halbieren. Peperoni halbieren und entkernen, Stie -
   ansatz sowie weisse Rippen entfernen. Peperoni grob würfeln.
   Ungeschälte Gurke längs halbieren, entkernen und grob
   schneiden.
2. Schalotte vierteln. Knoblauch und Basilikum (und optional
   Brennnesseln) dazugeben. Optional Wasser angiessen. Alles gut
   pürieren / mixen, abschmecken und zugedeckt kühl stellen.

Tipp: Mit Sprossen oder getrockneten Algen garnieren oder diese
   gleich mit-mixen.

Gazpacho Orange, 4 Personen

Zubereitung: 10 Minuten

1 gelbe Peperoni

1 Salatgurke

4 grosse, würzige Tomaten (z.b. gezackte Tomaten)

2 Frühlingszwiebeln

2 Knoblauchzehen

8 Basilikumblätter

optional: ein paar zarte Brennnesselblätter

optional: wenig kaltes Wasser

Salz und Pfeffer aus Mühle

1. Peperoni halbieren und entkernen, Stielansatz sowie weisse Rippen entfernen. Ungeschälte Gurke längs halbieren. Tomaten halbieren und Stielansatz entfernen. Gemüse grob schneiden.
2. Zwiebelknollen halbieren. Knoblauch und Basilikum (und optional Brennnesseln) dazugeben. Optional Wasser angiessen. Alles gut pürieren / mixen, abschmecken und zugedeckt kühl stellen.

Tipps:

- Mit Sprossen oder getrockneten Algen garnieren oder diese gleich mit-mixen.

- Das Grün der Frühlingszwiebeln in dünne Ringe schneiden und für die Dekoration verwenden.

Gazpacho Rot, 4 Personen

Zubereitung: 10 Minuten

1 - 2 rote Peperoni
4 grosse, würzige Tomaten (z.B. gezackte Tomaten)
2 Schalotten
1 Salatgurke
2 Knoblauchzehen
5 - 6 Basilikumblätter oder 1 EL glatte Petersilie
optional: e n paar zarte Brennnesselblätter
optional: wenig kaltes Wasser
Salz und Pfeffer aus Mühle

1. Peperoni halbieren und entkernen, Stielansatz sowie weisse Rippen entfernen. Tomaten halbieren und Stielansatz entfernen. Peperoni und Tomaten mit Schalotten und ungeschälter Gurke grob schneiden.
2. Knoblauch, Basilikum oder Petersilie (und optional Brennnesseln) dazugeben. Optional Wasser angiessen. Alles gut pürieren / mixen, abschmecken und zugedeckt kühl stellen.

Tipp: Mit Sprossen oder getrockneten Algen garnieren oder diese gleich mit-mixen.

Kalte Gurkensuppe, 4 Personen

Zubereitung: 10 Minuten

je 4 Salatgurken & Frühlingszwiebeln
1 Knoblauchzehe
2 EL Zitronensaft
1 TL Dill oder Pfefferminzblätter (oder zarte Brennnesselblätter)
Salz und Pfeffer aus Mühle

1. Ungeschälte Gurken längs halbieren, entkernen und zerkleinern.
2. Zwiebelknollen in Stücke schneiden und Knoblauch halbieren.
3. 4 dl kaltes Wasser und Zitronensaft angiessen. Alles gut pürieren / mixen. Dill oder Minze zerkleinern und in Suppe geben. Falls Sie Brennnesseln verwenden, diese bitte mitpürieren / mixen. Suppe abschmecken und zugedeckt kühl stellen.

Kalte Melonensuppe, 2 Personen

Zubereitung: 10 Minuten

1 Melone mit weisslich-grünem oder orangem Fleisch (Galia- oder Netzmelone, Futuro-Melone, Honigmelone, Cantaloupe, Charentais)
1 TL Pfefferminzblätter oder gekrause Petersilie
Pfeffer aus Mühle

1. Melone am Vortag in den Kühlschrank stellen. Melonenfleisch von der Schale lösen und mit etwas Wasser und Minze oder Petersilie mixen, bis eine glatte Flüssigkeit entsteht.
2. Suppe mit Pfeffer abschmecken.

Variation: **Kalte Papayasuppe**
Anstatt Melone verwenden Sie 4 kalte Papayas. Mixen Sie ein paar Papayakerne mit, denn diese sind reich an Nährstoffen und eignen sich als milder Ersatz für Pfeffer.

Kalte Tomaten-Spinat-Suppe mit Gurkensticks, 1 Person

Eine Detox-Kur sollte auch eine Zell-schützende Therapie miteinschliessen. Die hier beschriebene kalte Suppe ist ein Cocktail von antioxicativen Vitaminen und sekundären Pflanzeninhaltsstoffen. Tomaten liefern beispielsweise wertvolles Lycopin, ein Carotinoid, welches dem Beta-Karotin aus der Karotte gleicht, möglicherweise aber noch wertvoller ist.

Bereiten Sie diese Suppe im Mixer (nicht Entsafter) zu, und essen Sie eine Salatgurke dazu.

Zubereitung: 10 Minuten

1 Orange

1 ½ Handvoll Cherrytomaten oder Tomaten

1 Selleriestange

1 Knoblauchzehe

4 Handvoll Blatt- oder Jungspinat

ein paar frische Kräuter

1 Salatgurke

1. Orange pressen und den Saft mit Tomaten, Sellerie und Knoblauch mixen.
2. Nach und nach Spinat und Kräuter dazugeben. Weiter mixen, bis eine sämige Konsistenz entsteht.
3. Ungeschälte Gurke längs vierteln.

Variation: 3 - 4 grüne Spargeln mit-mixen.

Gemüseteller mit Stärke

Am einfachsten ist es, wenn Sie das gerüstete Gemüse im Steamer oder in einem Kochtopf mit Dampfkörbchen garen. Wenn Sie über beide Geräte nicht verfügen, dann kochen Sie es in wenig Salzwasser oder Gemüsebouillon. Wenn Sie das Gemüse am Abend des Detox-Tags einnehmen, dürfen Sie nach dem Anrichten wenig Olivenöl darüber träufeln.

Es können auch mehrere Gemüsesorten zusammen gekocht werden. Dabei geben Sie wenig wasserhaltiges Gemüse mit langer Garzeit zuerst, wasserreiche Sorten erst nachher dazu. Gut geeignet sind:

Blumenkohl, Brokkoli, Chinakohl, Erbsen, Fenchel, Frühlingszwiebel, Grüne Bohnen (Stangenbohnen), Grünkohl, Karotte, Kefe (Zuckerschote), Knollensellerie, Kohlrabi, Mangold und Schnittmangold, Lauch, Peperoni, Romanesco, Rosenkohl, Rot- und Weisskohl, Spargel, Spitzkohl, Stangensellerie, Wirsing (Wirz) und Zucchino (gelb und grün).

Wenn Sie **Auberginen** oder **Pilze** zubereiten, garen Sie diese am besten in passierter Bio-Tomatensauce (im Glas). Pilze können aber auch ganz einfach in wenig Bouillon gegart werden.

➢Etwas Tomatensauce mit 1 TL Tomatenmark in Bratpfanne erhitzen. Mit Salz, Pfeffer und frischen oder getrockneten italienischen Kräutern (z.B. Mix aus Basilikum, Oregano, Petersilie, Salbei, Thymian) würzen. 1 - 2 im Mörser leicht zerdrückte Knoblauchzehen dazugeben. Dann die zerkleinerten Auberginen / Pilze zufügen und alles zugedeckt köcheln. Eventuell etwas Wasser beifügen.

➢Für eine *Ratatouille* geben Sie noch folgendes Gemüse zu den Auberginen und Pilzen: Peperoni, Zucchino und Zwiebel. *Variation mit Stärke*: Gewürfelte Kartoffeln oder Süsskartoffeln mitköcheln.

Blattspinat sollten Sie nach dem Garen in etwas Olivenöl sautieren. Er ist deshalb nur für das Abendessen des Detox-Tags geeignet.

➢In kaltem Wasser mit beiden Händen gut waschen, tropfnass in einen Kochtopf legen und erhitzen. Wenn das Gemüse im Topf zusammengefallen ist, abseihen und auspressen. Kurz in Olivenöl mit ein paar im Mörser leicht zerdrückten Knoblauchzehen sowie mit Salz und wenigen getrockneten Chiliflocken sautieren.

Löwenzahn und **Stängelkohl** (Cima di Rapa) sollten Sie - wie Blattspinat - nach dem Garen in etwas Olivenöl sautieren. Essen Sie auch diese Gemüsesorten deshalb nur am Abend des Detox-Tags.

➤In wenig kochendem Wasser offen blanchieren, bis das Gemüse im Topf zusammengefallen ist (vorher beim Stängelkohl unbedingt die Stiele entfernen). Anschliessend abseihen und auspressen. In Olivenöl mit ein paar im Mörser leicht zerdrückten Knoblauchzehen sowie mit Salz und wenigen getrockneten Chiliflocken andünsten. Hitze reduzieren und zugedeckt sehr weich garen.

Tipp: Sie können Blattspinat, Löwenzahn und Stängelkohl im Voraus blanchieren. Lassen Sie dann das Wasser gut abtropfen, und belassen Sie das Gemüse für ein paar Stunden - am besten mit einem Kochtopfdeckel zugedeckt - im Sieb. Wenn Sie es am Vortag vorbereiten, dann bewahren Sie das abgeseihte Gemüse zwischen zwei Tellern im Kühlschrank auf.

Tomaten lassen sich wunderbar im Backofen zubereiten.

➤Tomaten halbieren und mit Kräutersalz würzen. Im vorgeheizten Backofen bei 220°C garen. Cherrytomaten (Kirsch- oder Cocktailtomaten) werden als ganze Früchte gebacken. Schön sieht es auf dem Teller aus, wenn Strauchtomaten mit der Rispe gegart werden.

Artischocken, 1 Person

Zubereitung: 5 Minuten / Garen: 30 Minuten

Salzwasser

wenig Zitronensaft

8 - 10 kleine, zarte Artischocken

1. Salzwasser mit wenig Zitronensaft aufkochen.
2. Äussere, harte Blätter (2 - 4 Reihen) des Artischockenkopfs entfernen und Spitze des Restkopfs grosszügig abschneiden. Stiel abnehmen und schälen. Kopf und Stiel offen weich garen und abseihen.

Variation: Gerüstete Artischocken in Kochtopf geben und mit Gemüsebouillon-Pulver, einer Knoblauchzehe sowie gehackter, glatter Petersilie in ganz wenig Wasser aufkochen. Artischocken in der Bouillon zugedeckt bei mittlerer Hitze weich garen. Eventuell zusätzliches Wasser beifügen (Artischocken sollten immer befeuchtet sein). Bei Bedarf gegen den Schluss wenige getrocknete Chiliflocken zugeben.

Hinweise:
- Gekochte Artischocken sollte man schnell verzehren, denn sie bilden nach zwei Tagen schädliche Stoffe.
- Artischocken kann man normalerweise nicht tiefgekühlt kaufen. Sofern Sie die Detox-Woche ausserhalb der Saison machen und Artischocken in Ihre Kur einbauen möchten, frieren Sie frische Exemplare portionenweise im Voraus ein.

Tiefkühlen

➤Gerüstete Artischockenköpfe offen in kochendem Wasser 5 Minuten blanchieren. Wasser abgiessen und Artischocken mit eiskaltem Wasser abschrecken, so dass sie ihre Farbe behalten und nicht mehr nachgaren. Wenn sie abgekühlt sind, portionenweise tiefkühlen. Sie können später direkt aus dem Gefrierfach ins kochende Salzwasser gegeben werden.

Grüner Spargel, 1 Person

Zubereitung: 5 Minuten / Garen: 15 Minuten

Salzwasser
500 g grüner Spargel

1. Salzwasser aufkochen.
2. Das hölzerne Ende der Spargeln abschneiden. Stangen im unteren Drittel schälen. Offen garen und abseihen.

Variation: Gerüsteter Spargel im Steamer garen.

Hinweise:
- Nehmen Sie frische und knackige Exemplare, die an der Schnittstelle keinen Schimmel aufweisen. Auch sollten die Köpfe nicht unangenehm riechen.
- Vermeider Sie Zitronensaft beim Garen (wird beim weissen Spargel oft empfohlen, damit dieser die schöne weisse Farbe behält), denn sonst färbt sich der grüne Spargel gräulich, was wenig appetitlich aussieht.
- Falls Sie die Kur ausserhalb der "Spargelzeit" machen, die etwa von April bis Juni dauert, müssen Sie den Spargel vorher tiefkühlen. Normalerweise kann man ihn nicht gefroren kaufen.
- Im Schnitt rechnet man für ein Hauptgericht mit einer Portion von 500 g pro Persor. Als Beilage oder in Kombination mit Rosenkohl oder Artischocken sind 250 g pro Person ausreichend.

Tiefkühlen

➤ Spargeln rüsten und portionenweise tiefkühlen (blanchieren entfällt). Sie könner später direkt aus dem Gefrierfach ins kochende Salzwasser gegeben werden.

Rosenkohl, 1 Person

Zubereitung: 5 Minuten / Garen: 15 Minuten

Salzwasser

500 g Rosenkohl

1. Salzwasser aufkochen.
2. Strunkansatz der Rosetten etwas kürzen und kreuzweise einschneiden. Offen garen und abseihen.

Variation: Gerüsteter Rosenkohl im Steamer garen.

Hinweise:
- Die frischen Rosetten sollten knackig-grün sein und geschlossene Köpfe haben. Fleckige Blätter und braune Schnittflächen sind ein Zeichen von Überlagerung.
- Sofern Sie während der Kur keinen Rosenkohl finden, nehmen Sie einfach Tiefkühlware. Sie können ihn aber auch im Voraus selber tiefkühlen.
- Im Schnitt rechnet man für ein Hauptgericht mit einer Portion von 500 g pro Person. Als Beilage oder in Kombination mit grünem Spargel oder Artischocken sind 250 g pro Person ausreichend.

Tiefkühlen

➢Gerüstete Rosenkohl-Rosetten offen in kochendem Wasser 5 Minuten blanchieren. Wasser abgiessen und Rosetten mit eiskaltem Wasser abschrecken, so dass sie ihre Farbe behalten und nicht mehr nachgaren. Wenn sie abgekühlt sind, portionenweise tiefkühlen. Sie können später direkt aus dem Gefrierfach ins kochende Salzwasser gegeben werden.

Glutenfreie Stärke

Kartoffel und **Süsskartoffel** können Sie mit der Schale als Ganzes (Pellkartoffeln) oder geschält und in Würfel geschnitten im Steamer oder im Kochtopf mit Dampfkörbchen garen. Als Alternative können Sie sie auch in wenig Salzwasser / Gemüsebouillon garen oder im Ofen backen.

Hinweis: Denken Sie daran, dass Süsskartoffeln eine kurze Garzeit haben.

Kochbanane, Pastinake, Topinambur und **Yams** können Sie auf die gleiche Weise wie Kartoffel und Süsskartoffel garen.

Den **Kürbis** sollten Sie in Stücke schneiden, bevor Sie ihn garen. Gewisse Sorten wie beispielsweise junge Hokkaido, Butternut und Patisson müssen nicht geschält werden. Den Test machen Sie am besten mit dem Fingernagel. Lässt sich die Haut im rohen Zustand mit dem Daumennagel leicht einritzen, muss nicht geschält werden. Können Sie sie nur mit Kraftaufwand ein wenig einritzen, dann schälen Sie Ihr Exemplar besser.

Das Rüsten von grossen, harten Exemplaren kann allerdings manchmal eine echte Herausforderung darstellen.

Hier ein paar Tipps dazu: Man lässt den grossen harten Kürbis auf den Boden fallen, so dass er in ein paar Stücke aufbricht. Die Handgelenke kann man überdies schonen, indem man mit einem Gummihammer ein grosses Zackenmesser durch das Fruchtfleisch schlägt.

Lagerung: Am besten an einem trockenen Standort bei etwa 17 - 20°C aufbewahren, solange der Stielansatz nicht beschädigt ist (Kürbis solte beim Tragen nicht am Stielansatz gehalten werden). Unbeschädigte, ausgereifte Kürbisse lassen sich zum Teil monatelang aufbewahren. Viele Sorten, wie zum Beispiel Butternut, akkumulieren weitere Carotenoide während den ersten zwei Monaten. Angeschnittene Exemplare halten sich im Kühlschrank unverpackt bis zu drei Wochen, wenn die Samen und Fäden noch dran sind. Vor dem Gebrauch sollten Sie an den Schnittstellen eine dünne Schicht abschneiden.

Fettfreie Ofen-Kartoffeln

Zubereitung: 5 Min. / Backofen vorheizen: 200°C / Backen: ca. 40 Minuten

1 kg Kartoffeln
Bio-Tomatenmark (ohne Zusätze)
Salz und Pfeffer aus Mühle
frische Rosmarinnadeln

1. Kartoffeln der Länge nach durchschneiden und die Anschnittflächen mit etwas Tomatenmark bestreichen.
2. Mit Salz, Pfeffer und Rosmarinnadeln bestreuen. Mit der Schale nach unten auf den heissen Ofenrost legen.

Tipp: Ofen-Kartoffeln sind auch kalt eine energiespendende Köstlichkeit.

Tomaten-Salsa

Diese Salsa passt sehr gut zu Kartoffel-, Pastinaken- und Topinambur-Gerichten.

➤ Für 2 Personen zerkleinern Sie 6 Tomaten oder 3 Handvoll Cherrytomaten, 1 rote Zwiebel, 1 Knoblauchzehe und etwas Basilikum. Würzen Sie alles mit Zitronensaft, Salz, Pfeffer und optional mit getrockneten Algen.

Kartoffelsalat, 4 Personen

Zubereitung: 5 Minuten / Garen: 25 Minuten

1 kg festkochende Kartoffeln
Wasser nach Bedarf
wenig Gemüsebouillon-Pulver
Salz und Pfeffer aus Mühle
1 Bund Schnittlauch
2 Zwiebeln

1. Ganze, ungeschälte Kartoffeln mit Wasser bedecken und aufkochen. Hitze reduzieren, offen weich garen und anschliessend abseihen.
2. Warme Kartoffeln schälen und in Würfel schneiden. Wenig Wasser mit Bouillon aufkochen und über die warmen Kartoffelwürfel giessen, dann würzen.
3. Schnittlauch zerkleinern und mit gehackten Zwiebeln vorsichtig beimischen.

Variationen

- Rohe Kartoffeln schälen und in Würfel schneiden. Mit Wasser bedecken, Bouillon dazugeben und aufkochen. Hitze reduzieren, Kartoffelwürfel offen weich garen und abseihen. Schnittlauch und Zwiebel beimischen.
- Gurkenschnitze, Ringe von Frühlingszwiebelknollen und -grün, klein geschnittene Radieschen und grüne Spargeln sowie Sprossen passen ebenfalls in diesen Salat.

Gegarte Butternutspalten, 4 Pers.

Zubereitung: 5 Minuten / Garen: 15 - 30 Minuten

1 mittelgrosser Butternut-Kürbis
Salz und Pfeffer
Gewürzpulver: Curry, Kurkuma, Muskat und Zimt
optional: frische Rosmarinnadeln

1. Ungeschälter Kürbis längs in Spalten schneiden, entkernen und würzen.
2. 15 Minuten im Steamer oder etwas länger bei 200°C im vorgeheizten Backofen weich garen.

Tipps:

- Wenn die Schale hart sein sollte, nicht mitessen.
- Kürbis in Würfel schneiden (eventuell vor dem Garen harte Schale entfernen).
- Reste zu Suppe verarbeiten: Gemüsebouillon aufkochen. Fruchtfleisch mit weicher Schale hinzugeben, pürieren. *Optional*: Am Abend des Detox-Tags wenig Kokosmilch angiessen.

Rondini, 1 Person

Kennen Sie die grünen Kugeln, welche Rondini genannt werden? Sie sind eine Sorte der Pepo-Kürbisse und somit nahe verwandt mit den Zucchini. Rondini eignen sich weder zum rohen Verzehr noch sollte die Schale mitgegessen werden. Am besten löffeln Sie das gegarte Fruchtfleisch aus. Rondini wollen eigenständig genossen werden, denn in einem Mischgemüse geht ihr ureigener Geschmack verloren.

Zubereitung: 5 Minuten / Garen: 15 - 20 Minuten

3 Rondinis
Salz und Pfeffer

1. Den Deckel (mit Stiel) der Rondinis abschneiden. Rondinis mit Kugelausstecher (oder Löffel) entkernen und würzen.
2. In Steamer stellen und garen.

Quinoa-Couscous, 4 Personen

Dieses Gericht enthält Fett und ist deshalb nur für das Abendessen des Detox-Tags (und nur für Personen ohne Autoimmunkrankheiten) geeignet. Es ersetzt den Gemüseteller / die warme Suppe mit Stärke.
Ideale Vorspeise: kalte Melonen- oder Papayasuppe (Seite 73).

Zubereitung: 15 Minuten / Garen: 15 Minuten

300 g Quinoa
2 Handvoll Cherrytomaten
je 2 Salatgurken & rote Zwiebeln
1 Handvoll Basilikumblätter
3 - 4 Zitronen, nur Saft
½ frische Chilischote (Peperoncino)
Olivenöl & ein paar Oliven
Salz und Pfeffer aus Mühle

1. Quinoa nach Packungsanleitung garen und abkühlen. Tomaten halbieren, Gurken längs halbieren, entkernen und in Scheiben schneiden. Zwiebeln in Ringe schneiden und Basilikum zerzupfen. Alles vermengen.
2. Zitronensaft reinpressen. Chili längs halbieren und kurz mit kaltem Wasser abspülen, klein schneiden und untermischen.
3. Mit wenig Olivenöl sowie ein paar Oliven verfeinern und würzen.

Warme Suppen mit Stärke

Suppen dienen - auch in der heissen Jahreszeit - als "Seelenwärmer". Nur wenige Gerichte sind so vielseitig und meist einfach und unkompliziert zu kochen.

Nehmen Sie eine oder mehrere Gemüsesorten, etwas glutenfreie Stärke (Seite 27), Zwiebel oder Schalotte und/oder Knoblauch sowie eine Handvoll glatte Petersilie dazu, und garen Sie alles in Wasser mit Gemüsebouillon. Suppen lassen sich auch aus rohen oder gekochten Gemüseresten vom Vortag zubereiten. Wenn Sie möchten, können Sie die gegarte Suppe auch pürieren.

Suppen können problemlos ein paar Tage im Kühlschrank gelagert werden. Es macht daher durchaus Sinn, grössere Mengen herzustellen. Wärmen Sie jedoch nur diejenige Portion auf, die Sie zu essen beabsichtigen. Suppen lassen sich auch bestens tiefkühlen. Hierfür verwenden Sie grosse Weck-, Einmach- oder leere 1-Liter Kokosöl-Gläser oder Gläser von passierter Bio-Tomatensauce u.a.

In den meisten Bouillons ist heutzutage wenig Gemüse enthalten. An seine Stelle treten umso mehr billige Inhaltsstoffe wie Glutamat. Dieser Geschmacksverstärker versteckt sich hinter Bezeichnungen wie "Hefeextrakt", "natürliches Aroma" und vielen anderen. Manchmal ist zudem Rapsöl oder Zitronensäure beigegeben. Das sind alles Inhaltsstoffe, welche Sie meiden sollten. Halten Sie Ausschau nach einer Zusatz-freien Gemüsebouillon [11], oder würzen Sie sicherheitshalber nur mit Salz, Pfeffer und frischen oder getrockneten Kräutern sowie mit Gewürzen [11].

Auf den folgenden Seiten finden Sie ein paar Rezepte, welche jeweils für 4 Personen berechnet sind.

Blitz-Minestrone

Zubereitung: 5 Minuten / Köcheln lassen: 15 Minuten

1 Liter Wasser
Gemüsebouillon-Pulver nach Bedarf
1 Zwiebel
ca. 500 g tiefgekühlte Minestrone-Mischung mit Kartoffeln (& Bohnen)
2 Handvoll Blattspinat
Salz und Pfeffer aus Mühle

1. Wasser mit Bouillon aufkochen. Gehackte Zwiebel kurz darin ziehen lassen.
2. Tiefgekühlte Minestrone-Mischung zugeben und nochmals aufkochen. Hitze reduzieren und Gemüse zugedeckt weich köcheln.
3. Am Ende der Garzeit Spinat untermischen und Suppe abschmecken.

Variationen:

- Minestrone mit frischem Gemüse* zubereiten (siehe auch "Tomaten-Minestrone" folgende Seite).

- Vorgekochte Gemüse- und Kartoffelreste am Ende der Garzeit zugeben.

- Wenn Sie eine andere oder weitere Stärkequelle möchten und nicht an einer Autoimmunkrankheit leiden, kochen Sie Amaranth, Buchweizen, Hirse, Reis / Reisnudeln, Quinoa oder Hülsenfrüchte (zum Beispiel Bohnen, Kichererbsen und Linsen) separat, und fügen Sie diese am Schluss bei. Sie können auch vorgegarte Hülsenfrüchte verwenden. Kaufen Sie diese aber im Glas und nicht in Dosen.

* Die typischen Zutaten für die gehaltvolle italienische Suppe sind: Karotte, Kartoffel, Stangensellerie, Tomate, Wirsing (Wirz), Zucchino und Zwiebel.

Tomaten-Minestrone

Zubereitung: 15 Minuten / Köcheln lassen: 20 - 30 Minuten

1 Liter Wasser
Gemüsebouillon-Pulver nach Bedarf
1 Zwiebel
1 Knoblauch
2 Selleriestangen ohne Grün
2 Zucchini (gelb oder grün)
2 Karotten
4 Kartoffeln
1 kleiner Wirsing (Wirz)
4 grosse Tomaten (z.B. gezackte Sorte)
1 frischer Thymianzweig (oder ½ TL getrocknete Thymianblätter)
ein paar Basilikumblätter
Salz und Pfeffer aus Mühle

1. Wasser mit Bouillon aufkochen. Gehackte Zwiebel und gepressten Knoblauch kurz darin ziehen lassen.
2. Sellerie, Zucchini, Karotten und Kartoffeln in Würfel, Wirsing in feine Streifen schneiden. Alles zugeben und nochmals aufkochen.
3. Tomaten vierteln, entkernen und Stielansatz entfernen. Zusammen mit Thymian beifügen. Hitze reduzieren und Gemüse zugedeckt weich köcheln.
4. Thymianzweig herausnehmen, Basilikum untermischen und Suppe abschmecken.

Tipps:
- 1 Handvoll halbierte Champignons mit dem Gemüse zugeben.
- Wirsing mit Blattspinat ersetzen. Diesen aber erst am Schluss beifügen.

Lauch-Kartoffel-Suppe

oder

Wirsing-Kartoffel-Suppe

Zubereitung: 10 Minuten / Köcheln lassen: 15 - 20 Minuten

1 Zwiebel
8 Lauchstangen ohne Grün oder 1 grosser Wirsing (Wirz)
600 g Kartoffeln
Wasser nach Bedarf
Gemüsebouillon-Pulver nach Bedarf
Salz und Pfeffer aus Mühle
optional: Schnittlauch

1. Gemüse und Kartoffeln klein schneiden und in Kochtopf geben.
2. Mit Wasser bedecken, Bouillon dazugeben und aufkochen. Hitze reduzieren und Gemüse zugedeckt weich köcheln.
3. Suppe abschmecken. Optional mit zerkleinertem Schnittlauch bestreuen.

Karotten-Pastinaken-Suppe

Zubereitung: 10 Minuten / Köcheln lassen: 30 Minuten

350 g Karotten

350 g Pastinaken (oder Kochbananen)

4 Schalotten

4 Kerbelstängel

9 dl Wasser

Gemüsebouillon-Pulver nach Bedarf

Salz und Pfeffer aus Mühle

1. Karotten und Pastinaken (oder Kochbananen) grob schneiden (Karotten und Pastinaken müssen nicht unbedingt geschält werden, abbürsten genügt). Schalotten vierteln.
2. Gemüse mit Kerbel in Kochtopf geben. Wasser mit Bouillon angiessen und aufkochen. Hitze reduzieren und Gemüse zugedeckt weich köcheln.
3. Kerbel entfernen. Suppe pürieren und abschmecken.

Kürbis-Maronen-Suppe

Zubereitung: 20 Minuten / Köcheln lassen: 20 Minuten

1,5 kg Kürbis*
1 Schalotte
200 g geschälte, tiefgekühlte Maronen
1 Liter Wasser
Gemüsebouillon-Pulver nach Bedarf
Salz
1 Handvoll grünes Gemüse nach Belieben

1. Kürbis grob schneiden und Schalotte halbieren. Gemüse mit tiefgekühlten Maronen in Kochtopf geben.
2. Wasser mit Bouillon angießen und aufkochen. Hitze reduzieren und Kürbis zugedeckt weich köcheln. Suppe pürieren und abschmecken.
3. Klein geschnittenes, grünes Gemüse separat garen und als Einlage in Suppe geben.

* Am besten eignen sich Kürbisse mit Maronenaroma wie Buttercup, Delicata, Festival, Heart of Gold, Kamo Kamo, Patidou, Sweet Mama, Table Queen und Thelma Sanders Sweet Potato.

Kürbis-Suppe

Zubereitung: 20 Minuten / Köcheln lassen: 20 Minuten

1 mittelgrosser Kürbis*
2 Karotten oder 2 Tomaten
1 Selleriestange
1 Zwiebel
2 Knoblauchzehen
1 Liter Wasser
Gemüsebouillon-Pulver nach Bedarf
1 TL Currypulver**
1 TL frische Thymianblätter
Salz
optional: getrocknete Chiliflocken

1. Kürbis und restliches Gemüse grob schneiden. Alles in Kochtopf geben.
2. Wasser mit Bouillon angiessen und aufkochen. Mit Curry und Thymian würzen. Hitze reduzieren und Gemüse zugedeckt weich köcheln.
3. Suppe pürieren und abschmecken. Optional am Schluss wenige Chiliflocken untermischen.

* Butternut, Golden Delicious und Muscade de Provence sind die beliebtesten Speisekürbisse.

** Ideale Gewürze sind neben Curry: Kurkuma, Ingwer, Muskat, Chili und Pfeffer.

Süsskartoffel-Karotten-Suppe

Zubereitung: 10 Minuten / Köcheln lassen: 20 Minuten

4 grosse Süsskartoffeln
12 Karotten
2 Schalotten
1 kleines Stück Ingwer
Wasser nach Bedarf
Gemüsebouillon-Pulver nach Bedarf

1. Süsskartoffeln und Karotten grob schneiden (schälen ist nicht nötig), Schalotten vierteln. Ingwer fein reiben und alles in Kochtopf geben.
2. Mit Wasser bedecken. Bouillon dazugeben und aufkochen. Hitze reduzieren und Gemüse zugedeckt weich köcheln.
3. Suppe pürieren. Falls die Konsistenz zu fest sein sollte, mit zusätzlichem Wasser verdünnen.

Tipp: Garnieren mit *Peperonistreifen im Backofen*

Zubereitung: 5 - 10 Minuten / Backofen vorheizen: 240°C
Backen: 15 - 20 Minuten / Abkühlen lassen: 30 Minuten

2 rote Peperoni
2 gelbe Peperoni
Salz
optional: gekrauste Petersilie, 1 Knoblauchzehe

1. Peperoni mit Stielansatz nach unten in eine Ofenform oder auf den heissen Ofenrost stellen. Backen bis die Haut Blasen wirft, gebräunt ist und die Schoten etwas zusammengefallen sind.
2. Peperoni herausnehmen und einzeln in Küchentuch wickeln, bis sie abgekühlt sind. Haut abziehen, Stielansatz und Kerne entfernen und in Streifen schneiden. Optional gekrauste Petersilie und Knoblauch fein hacken und Peperoni-Streifen darin wenden.

Spinat-Brokkoli-Kartoffel-Suppe

Zubereitung: 10 Minuten / Köcheln lassen: 20 Minuten

600 g Kartoffeln (oder Yams)
1 Brokkoli
1 kleines Stück Ingwer
1 Liter Wasser
Gemüsebouillon-Pulver nach Bedarf
300 g Blattspinat
Salz und Pfeffer aus Mühle
optional: 1 EL Limettensaft & wenig abgeriebene Limettenschale

1. Kartoffeln (oder Yams) in kleine Würfel schneiden. Brokkoli in Röschen schneiden und Stiel schälen. Ingwer in dünne Streifen schneiden und alles in Kochtopf geben.
2. Wasser mit Bouillon angiessen und aufkochen. Hitze reduzieren und Gemüse offen weich köcheln.
3. Am Ende der Garzeit grob geschnittenen Spinat untermischen und Suppe abschmecken. Optional Limettensaft und -schale reingeben.

Grünkohl-Spinat-Maronen-Suppe

Zubereitung: 5 Minuten / Köcheln lassen: 30 Minuten

2 Zwiebeln

2 Knoblauchzehen

300 g Grünkohl

1 Liter Wasser

Gemüsebouillon-Pulver nach Bedarf

100 g Blattspinat

Salz und Pfeffer aus Mühle

2 Handvoll Maronen (vom Stand oder siehe Seite 20; ohne Honig)

1. Zwiebeln und Knoblauch grob schneiden. Grünkohl von den Rippen befreien und Blätter zerkleinern. Alles in Kochtopf geben.
2. Wasser mit Bouillon angiessen und aufkochen. Hitze reduzieren und Grünkohl zugedeckt weich köcheln.
3. Am Ende der Garzeit Spinat untermischen und Suppe abschmecken. Mit gehackten, gegarten Maronen bestreuen.

Variation: Anstatt Grünkohl und Blattspinat 8 gelbe oder grüne Zucchini sowie 1 Handvoll Basilikumblätter verwenden.

Grünkohl-Süsskartoffel-Suppe

Zubereitung: 10 Minuten / Köcheln lassen: 30 Minuten

1 Liter Wasser

Gemüsebouillon-Pulver nach Bedarf

1 Zwiebel

4 Knoblauchzehen

1 Karotte

1 Selleriestange ohne Grün

2 Süsskartoffeln

300 g Grünkohl

Salz und Pfeffer aus Mühle

1. Wasser mit Bouillon aufkochen. Gehackte Zwiebel und gehackten Knoblauch bei mittlerer Hitze 5 Minuten darin ziehen lassen.
2. Karotte und Sellerie klein schneiden, zugeben und nochmals aufkochen. Hitze reduzieren.
3. Süsskartoffeln würfeln. Grünkohl von den Rippen befreien und Blätter in dünne Streifen schneiden. Beides zugeben, Gemüse zugedeckt weich köcheln und Suppe abschmecken.

Linsensuppe mit Spinat
6 - 8 Personen

Linsen sind Hülsenfrüchte. Dieses Gericht ist deshalb nur für Personen ohne Autoimmunkrankheiten geeignet.

Zubereitung: 5 Minuten / Köcheln lassen: 35 Minuten

1 Zwiebel
500 g braune oder grüne Linsen
1 TL Bio-Tomatenmark (ohne Zusätze)
2,5 Liter Wasser
Gemüsebouillon-Pulver nach Bedarf
1 Fleischtomate (oder 5 - 6 Cherrytomaten)
1 Handvoll Blattspinat
Salz und Pfeffer aus Mühle

1. Zwiebel halbieren und in Halbringe schneiden. Mit Linsen und Tomatenmark in Kochtopf geben.
2. Wasser mit Bouillon angiessen und aufkochen. Tomate vierteln, entkernen und Stielansatz entfernen. Fruchtfleisch grob würfeln, zugeben und Hitze reduzieren.
3. Linsen zugedeckt weich garen. Am Ende der Garzeit Spinat untermischen und Suppe abschmecken.

Tipp:
Suppe mit Champignons garnieren: Zwei Handvoll weisse Champignons putzen, Stiele etwas kürzen und Pilze vierteln. In wenig Bouillon weich garen. Würzen und mit gehackter, glatter Petersilie vermengen. Suppe in Teller anrichten und gegarte Champignons darauf verteilen.

Sommer-Brokkoli-Suppe

Zubereitung: 10 Minuten / Köcheln lassen: 25 - 30 Minuten

400 g Kartoffeln

4 Brokkoli

1 Lauchstange ohne Grün

1 Selleriestange

1 Knoblauchzehe

1 Liter Wasser

Gemüsebouillon-Pulver nach Bedarf

1 Lorbeerblatt

Salz und Pfeffer aus Mühle

optional: Sprossen

1. Kartoffeln und restliches Gemüse klein schneiden. Alles in Kochtopf geben.
2. Wasser mit Bouillon angiessen und aufkochen. Lorbeerblatt beifügen. Hitze reduzieren und Gemüse offen weich köcheln.
3. Lorbeer herausnehmen und Suppe abschmecken. Optional mit Sprossen bestreuen.

Fenchelsuppe mit Sommergemüse

Zubereitung: 15 Minuten / Köcheln lassen: 20 - 25 Minuten

2 Kartoffeln

2 Knoblauchzehen

2 Fenchel

1 Zwiebel

1 Lauchstange ohne Grün

100 g tiefgekühlte Erbsen

100 g grüner Spargel

1 Liter Wasser

Gemüsebouillon-Pulver nach Bedarf

100 g Blattspinat

1 Handvoll frische Basilikumblätter

Salz und Pfeffer aus Mühle

1. Zutaten aus der Liste von Kartoffeln bis Lauchstange klein schneiden. Mit tiefgekühlten Erbsen und halbiertem Spargel in Kochtopf geben.
2. Wasser mit Bouillon angiessen und aufkochen. Hitze reduzieren und Gemüse zugedeckt weich köcheln.
3. Am Ende der Garzeit grob geschnittenen Spinat und Basilikum untermischen, dann Suppe abschmecken.

Schweizer Bezugsquellen

[1] Zungenschaber Basic aus Edelstahl
Yoga-Shop: www.yoga-artikel.ch

[2] Drachenfrucht- & wilde Heidelbeeren-Pulver
ENDLESSHAPPINEZZ: www.endlesshealth.ch
Living Wild Force: www.livingwildforce.ch

[3] Sprossen-Keimglas (1700 ml) & Bio-Sprossen
(einzeln oder kombiniert, z.B. als Detox-Mix, erhältlich)
naturwerker GmbH: www.sprossensamen.ch

[4] Gerstengrassaft-Pulver (nicht in Kapseln)
Marke "Vimergy": Barley Grass Juice Powder
ENDLESSHAPPINEZZ: www.endlesshealth.ch

[4] Spirulina-Pulver
Marke "Vimergy"
ENDLESSHAPPINEZZ: www.endlesshealth.ch

[5] Lappentang (Dulse Flocken)
Marke "Terra Elements"
ENDLESSHAPPINEZZ: www.endlesshealth.ch

[5] Seetang (Kelp Pulver)
Marke "Terra Elements"
Living Wild Force: www.livingwildforce.ch

[6] Zinksulfat (flüssig)
  Marke "Vimergy": Organic Zinc Sulfate
  ENDLESSHAPPINEZZ: www.endlesshealth.ch
  Alternative: Zink-Kapseln der Marke "pure"

[7] Magnesium Glycinat
  Marke "Vimergy"
  ENDLESSHAPPINEZZ: www.endlesshealth.ch
  Alternative: Glycinat-Kapseln der Marke "pure"
  Alternative: Glycinate Powder (Pulverform) der Marke "Vitality"

[8] Omega-3
  Marke "NORSAN": Omega-3 Vegan Öl flüssig
  Swiss Medical Plus: www.swissmedicalplus.ch

[9] Liquid B12: Marke "Vimergy"
  ENDLESSHAPPINEZZ: www.endlesshealth.ch

[10] B-Vitamin-Komplex mit B9 und B12 in ihrer aktiven Form
  Marke "pure": B-Komplex
  Marke "Vitality": Vitamin B Komplex

[11] Zusatz-freie Gemüsebouillon in Pulverform & Gewürze u.a.
  Gewürz Profi in Aarau (Schweiz): www.gewuerzprofi.ch
  Im Laden in Aarau erhältlich oder online bestellbar (wird auch
  nach Deutschland geliefert)

Literaturverzeichnis

Boutenko, V. (2015): Grüne Smoothies: Die 100 besten Zutaten für Gesundheit & Wohlbefinden, Vorgestellt von der "Erfinderin" der Grünen Smoothies Victoria Boutenko, Hans-Nietsch-Verlag

Baxter, A. H. (2016): Salate im Glas - schnell & gesund, Dorling Kindersley (DK) Verlag

Gröber, U. (2019): Die wichtigsten Nahrungsergänzungsmittel: Das Plus für Ihre Gesundheit, Südwest Verlag

Reinmann N. & Schlatter M. (2014): Kochen nach Paleo: Schlank und gesund mit ursprünglicher Ernährung, eBook, Edition nm

Rothkranz, M. (2010): Heile dich selbst: Das Handbuch für alle, die gesund, glücklich und lange leben wollen, Hans-Nietsch-Verlag

Schaenzler, N. (2017): Leber & Galle entgiften und natürlich stärken, Gräfe & Unzer Verlag

Schlatter M., Reinmann N., Gonzalez C., (2018): Paleo nach Jahreszeiten, Books on Demand

Schmiedel, V. (2012): Hausputz für Leber & Galle: Natürlich reinigen, Leberwerte verbessern, Ihr 4-Wochenprogramm, TRIAS Verlag

Storl, C. (2019): Unsere grüne Kraft - das Heilwissen der Familie Storl, Gräfe & Unzer Verlag

William, A. (2019): Heile deine Leber: Die Wahrheit über chronische Erschöpfung, Reizdarm, Gewichtsprobleme, Diabetes und Autoimmunkrankheiten, Arkana Verlag

William, A. (2019): Selleriesaft: Der ultimative Superfood-Drink für deine Gesundheit, Arkana Verlag

Danke für Ihre Rezension
Gemeinsam bewirken wir mehr

Liebe Leserin, lieber Leser

Ich danke Ihnen, dass Sie dieses Buch gelesen haben. Das Thema bedeutet mir viel. Aus voller Überzeugung und mit Hingabe widme ich mich seit vielen Jahren Themen, die unserer Lebensqualität dienlich sind, und die sich einfach in unseren Alltag einbauen lassen. Ich hoffe, auch mit diesem Ratgeber einen Beitrag dazu geleistet zu haben.

Wenn Ihnen meine Arbeit gefällt, möchte ich Sie darum bitten, sich ein paar Minuten Zeit zu nehmen und dieses Buch zu bewerten. Die meisten Menschen lesen die Rezensionen, bevor sie sich für ein Buch entscheiden. Dadurch gewinnen sie einen Eindruck, ob und wie der Inhalt des Buches die Leser erreicht hat. Es hilft der interessierten Leserschaft auch herauszufinden, ob das Buch ihren Vorstellungen entspricht.

Eine kurze Rezension - vielleicht als persönliche Empfehlung - ist dabei ebenso hilfreich wie eine ausführliche. Um es auf den Punkt zu bringen: Eine positive Leserempfehlung ist heutzutage die beste Werbung für ein Autorenwerk.

Dankeschön

Monica Schlatter

Fachberaterin für holistische Gesundheit® www.schlatternährung.ch
Kochbuchautorin und Food-Bloggerin www.kochennachpaleo.ch